【文庫クセジュ】

エスニシティの社会学

マルコ・マルティニエッロ著
宮島喬訳

白水社

目次

はじめに

　過去十年間というもの、世界全体は、政治、社会、経済、文化の激変の舞台だった。その変化は心を打つ印象的なものでもあれば、そのわずか数年前には予想だにしなかったような不意打ちでもあった。ベルリンの壁の崩壊、そしてソ連帝国と他のおおかたの共産主義体制の消滅は冷戦に終止符を打ったが、また地球的規模の不安定さと地政学の再編の新しい時代の幕を切って落とした。

　資本主義経済の世界制覇がついには福祉と平和の地球化のために必要な条件を一つに結びつけるだろうと考える者もいたかもしれない。だが、現状はそうではないことが、日々われわれの前に明らかになっている。地球はいま、日に日に悪化する環境的危機にさらされている。富の配分はといえば、発展した欧米諸国と、発展途上とはまだ見なしがたい国々のあいだで不平等が拡大しているように思われる。富めるヨーロッパのただなかでさえ、社会的な排除と周辺化が進んでいて、人口のいよいよ大きな部分が、失業が原因で市民以下の生活条件に押し込められている。これは、市民的政治社会の多数者によって高らかに力強く宣せられたデモクラシーのもろもろの理想を、日ごとに裏切るものとなっている。実際、第二次世界大戦の灰燼《かいじん》のなかから構築されたデモクラシーの合意は、いまや輝きを失っている。ヨーロッパの至る所で、またヨーロッパ外でも、政治諸勢力がこれに疑問を呈し、再度、平然と人種差別を政治のなかに導き入れようとし、いよいよ偏狭な「民族」アイデンティティを構築し活性化しようとしている。その異質者排除の潜在エネルギーは巨大だ。

　現代の紛争可能性は以前にも増して「民族」関連の用語によって解釈されるようになっている。旧ユーゴスラヴィアを揺すぶっている数年来の容赦なき戦いは、メディアによって「民族純化」とか「民族浄化」と表現される、不快この上もない残虐さを生んだ。また、もう少し東に移行すると、旧ソ連帝国がつくりあげた民族的な複雑なもつれを解きほぐすことはさらに厄介な作業となる。そこでは、その存在がつい最近までまったく知られなかった集団・民族間に、血なまぐさい紛争が生まれている。いったい誰が、アブハジアからチェチェンを、トゥルクメンやオセチアからタジクを区別できただろうか。こんにちこれらの相違は、われわれから見て明らかに血によって説明されるとしても、かつてはソ連人というものしか存在しないと見、しかもわれわれの多くは、これをもっぱらロシア人と同一視していたのだ。アフリカはアフリカで、戦争、紛争、「民族」闘争にこと欠かず、後者にかかわるフツ族とツチ族を対立させたルワンダの悲劇が大々的なメディア報道の対象となった。そのさい、民族大虐殺《ジェノシド》という語が話題に上った。これはたしかに西欧の人びとを動転させたが、といって現実政治《レアルポリティーク》が後退したわけではなく、これはこんにちのトランスナショナル関係のなかでも相変わらず常套手段をなしているように思われる。

それゆえ、フランス語表現のメディア的・政治的言説にあっては、「民族的（ethnique）」の語は、ほとんどもっぱら虐殺、暴力、その他の野蛮で、無知で、非人道で、近代以前的な行動を報じるときに使われ、それらの行為者は、皮膚の色、文化、宗教、さらには言語の特性のために対立している集団とされる。なるほどこの語は、とくにケベックにおけるように、「エスニック」料理とか「エスニック」音楽のように、より快い人間的なものを指して使うことがあるが、全体として見ると、この言葉は、しばしばこの上なく軽蔑すべき頽落的な人間の側面と結びつけられている。

また常識ではとかく、対立する「民族集団」は人間存在のほとんど自然の所与と見なされ、これらの集団への所属アイデンティティは、消しがたい、神秘的な、説明しがたい原初的な事実と見られがちだ。集団間の対立も、いわば当然のこととされる。人間は本性からして、あまりにも大きな文化、宗教、肌の色の違いに直面しなければならないとき、非人間的行動へとみちびかれるという。要するに、「民族的な相違」は、もしも統制がなければ必ずや対立に行き着くというのである。そこから結果するのは、ある種の宿命論か、放任状態の下ではきわめて確率の高いこの「民族的衝突」を避けるため社会的・政治的条件を管理しようとする意志か、そのいずれかだろう。本書の目的の一つは、まさにこのような常識的見方を乗り越え、「民族的現象」の複雑性、そして肯定的であるとともに否定的で、柔和であるとともに危険な諸側面を強調することにある。

また、「エスニシティ」という言葉は通常のフランス語にはほとんどまったく欠けていることに注意したい。反対に、その英語対応語 ethnicity は、後に見るようについ最近の造語でありながら、アングロ・サクソンの言語空間内では、事実上、もはや新造語に数えられていない。

学術用語のレヴェルでは、エスニシティの概念は、二十年来、英語表現の社会諸科学のなかにしっかり定着している。これにあてられた著作は膨大であり、人類学から社会学を経て政治学へ、さらに人口学や歴史学へと、あらゆる社会科学にわたる。それにひきかえ、フランス語表現の社会科学では「エスニシティ」概念は、登場してきたのも、はるかに最近のことで、まだいかにも恐る恐る使われている。明白にこの問題にあてられ、この用語を進んで用いる学術的な仕事が現われるには一九八〇年代終わり、一九九〇年代初めを待たなければならなかった。

それだけに、誰を非難するわけでもないが、こと「エスニシティ」に関しては、フランス語圏社会科学、とくにヨーロッパのそれは、アングロ・サクソンの考察にくらべてたしかに理論的遅れを示している。とすれば、フランス語圏の読者に社会科学における「エスニシティ」について導入的な著作を提示し、高度に論争の的になっている一問題への、主にアングロ・サクソン種の異なったアプローチを知ってもらうことは意味があると思う。

とはいえ、この問題についての英語表現の学術的使用を吟味する段になると、ただちに「エスニシティ」の概念の、曖昧な、捉えがたい、どっちつかずの性格が立ち現われてくる。「民族関係」や「エスニシティ」は、渦中の現実問題に関わりをもつ感情抜きには扱えない主題であり、とかくその劇的で深刻な面のみが強調されやすい。とすれば、これらの社会的・政治的現実の客観的な研究が容易でないことも驚くにあたらない。次のような仮説さえ立てられよう。社会科学で用いられる他の観念と同じく「エスニシティ」も、研究者の価値と道徳的立場から自由でありえないかぎり、不可避的に異議申し立てを受け、その本質についてさえ異論を生じるのではないか[1]、と。

(1)「本質について異論を生じる」いまひとつの概念は、権力の概念である。この異論を呼ぶ本質については、スティーヴン・ルークス著『社会理論に関する試論』(マクミラン社、一九九七年)を参照されたい。

マックス・ウェーバーはすでに、「民族的」という形容詞は多義的で、漠然とした混乱した性格をおび、客観性の問題が考慮だにされないこと、などを理由に、社会学の概念としては棄て去るべきだと唱えていた(M. Weber, 1978, 394-395)。もっとも、当時「エスニシティ」という言葉は存在しなかった。そこで本書のいま一つの目的は、こんにちでもウェーバーの航跡を追って「エスニシティ」概念について提起されている、まさにこの問題に答えることにある。いったい、その混乱した性格と、「民族的現実」について客観的立場とすることとの困難さを考えるとき、この語は科学的道具としては放棄されるべきだろうか。これは言い換えれば、今日的な社会的・政治的諸現象を説明する上での「エスニシティ」の理論的妥当性について、測定を試みなければならないということであろう。

関連する文献は山ほどあって、それらに網羅的に論評を加えるのは困難である。また、そうすることは必ずしも生産的ではない。むしろ本書が目指すのは、「エスニシティ」についての思考の主な学派、およびその貢献と問題点をできるだけ明快に紹介して、読者の批判的考察を触発することにある。

本書の拠って立つ視野は学際的なものとなろう。実際、「エスニシティ」概念には数々の側面、次元があり、それが提起する問題も多数にわたるため、エスニシティ研究はどうしても種々の人間科学、社会科学のあいだの境界をおびただしく侵犯せずにはいない。本書の考察が手がかりとする研究も、主として人類学者、社会学者、政治学者、歴史学者によるものである。とはいえ、研究者の多くは、この主題に関するさまざまな個別科学の成果の有効な連係に基づいてこそ「民族的現実」をよりよく理解できることを知っている。この本も、そうした彼らの努力に貢献することにした。

本書は七つの章から成る。第一章は「エスニシティ」の概念の由来、経過、生成を手短かに跡づける。簡単な語源的分析だが、それによって英語の ethnicity についても、フランス語の《ethnicité》についても、最近のその出現の意味を確認できよう。次いで、他の社会諸科学における「エスニシティ」概念の展開における人類学、とりわけ民族学の意義を強調する。第二章の目的は、「エスニシティ」の用語の意味の定義と範囲確定である。そのために、個人的・微視社会的レヴェル、集団的・中間社会的レヴェル、そして巨視社会的レヴェルという三つの水準を区別する。第三章は、「エスニシティ」の主要な理論を検討するものであるが、それは自然主義理論と社会理論という二つのカテゴリーに整理した上での作業である。これに続く章は、「エスニシティ」とその類縁的概念との諸関係、とくに文化、宗教、ナショナリズム、「人種」との諸関係について総合的な見方を提示する。「エスニシティ」概念と社会階級の概念との関係は、第五章で簡潔に分析される。第六章では、考察のなかに性の概念が導入され、それがエスニシティとのあいだに取り結ぶ関係を示すことが試みられている。最後に、第七章は、現代政治のなかにおける民族紛争に関して、若干の考察を行なう。

なお、「エスニシティ」の用語の新しさと曖昧さからすれば、カッコ付きの用法がよしとされるかもしれないが、テクストを煩雑にしないようにしたい。そこで、「エスニック関連語彙」を構成するさまざまな用語は、以下、特別な形式上の注意を払うことなく用いることにする。

第一章　概念の生成

民族純化、民族浄化、さらに単に民族マイノリティといった表現が、メディアや政治家たちの影響の下、悲しくも、馴染みあるわれわれの用語法のなかに次第に入り込んできた。しかしエスニシティという名詞はこれとは別だ。後者の使用は実際には、多分に、ある限られた範囲の研究者の占有物にとどまっており、彼らがこの言葉を用いると、理解困難という印象を与える。おおかたの読者にこの語は未知であるか、謎めいたものである。

状況はこうだから、この語が最近フランス語のなかへどのように登場しているかを位置づけることから始めるのがよいだろう。そのためには、次の二つの理由から、回り道ではあっても英語に立ち戻らなければならない。第一に、英語のエスニシティという言葉は、とくに学術用語としてはるかに一般化しているからであり、第二に、フランス語への ethnicité の語の導入は、シェイクスピアの言語〔英語〕における ethnicity の語の翻訳の結果だからである。

簡略に語源を見、再構成された言葉の由来をたどった上で、固有の意味での概念の生成に目を向けねばならないが、そのためには現代社会科学の発展における人類学、民族学の意義に光を当てる必要がある。その上で再度、語源を問うという回り道をとらなければならない。

I　エスニシティ：一つの新造語

ethnicity という語が最初に英語のなかに現われるのは一九三三年、一辞書中にである。有名な『オックスフォード英語辞典』の同年版がこれを、異教、異教的迷信という意味領域で、つまりは過去の一時代の現実として定義している（D. P. Moynihan, 1993）。なお、これはまれしか使われない時代遅れの言葉である、と注釈されている。著者たちはそんなに悪く書いたつもりはなかったのだ。それに対し、同じく有名な『フォンタナ近代思想辞典』の初版にはこの語はなく、これが収められたのは一九八八年版からにすぎない（同書）。

アングロ・サクソンの、とくにアメリカの学術的な用語法では、アフリカ系アメリカ人の反乱、または当時の言い方では黒人の反乱〔一九五〇年代なかばから六〇年代なかばにかけてのいわゆる公民権運動〕が明らかに大きな断絶を画している（R. Shermerhorn, 1974）。若干の著者（W. Petersen, in S. Thernstrom (ed.), 1981）によれば、この時期以前では、アメリカにおける民族性の最初のまともな分析はほかならぬ一九〇六年のグラハム・サムナーの『フォークウェイズ』だったが、当時エスニシティという名詞が文献中に出てくることはきわめてまれだった。いずれにせよ、エスニシティの語の初出は、ロイド・ウォーナーの一九四一年の『近代コミュニティの社会生活』の中である（W. Sollors, 1986）。デヴィド・リースマンもこれを標題とした一九五三年の一論文で、この言葉を彼なりに用いている（A. Bacal, 1990）。それ以外では、学術的発表のなかでエスニシティの語の使用が真に急速に増えるには一九六〇年末、七〇年代初頭を待たねばならない。有名な著作『人種のるつぼを越えて』と『エスニシティ——理論と経験』でネイザン・グレーザーとダニエル・モイニハンがなしとげたパイオニア的仕事ののち、論文と著書は数百、次いで数千を数えるようになる。アメリカでは『エスニシティ』を誌名とさえする雑誌が、一九七四年に発刊される。こうしてエスニシティの語はアメリカ社会のあらゆる分野に地歩を得て、ある観察者に言わせると、ついには流行の一つ、真の信仰の一つ、一九九〇年代の激情をも生み出すまでになった（A. Schlesinger, 1992）。だが、この語が承認されるようになるまでには多くの障害があった。それを映すのは、一つは民族関係の学術的研究の発展の出会う困難、もう一つは、アメリカ国民以外の集団への所属としてのエスニシティの意義を考慮するさいにぶつかる困難である。

フランス語圏社会の大半ではまだこうしたことは見られない。エスニシティの語は普通のフランス語辞典には載っておらず、概念としては、若干の例外を除けば、フランス語圏社会科学の歴史のなかでは一九八〇年代なかばおよび九〇年代初めまで無視されていた。たとえば、一九七三年、『国際社会学雑誌』のギ・ニコラの論文には何度か繰り返しこれが登場する。数年後、同じ雑誌のなかのウィリアム・ダグラスとスタンフォード・ライマン（一九七六年）の論文に再びこの語が現われるが、実はそのテクストは米語からの翻訳だったのである。冒頭に置かれた要約のなかで、著者たちは、エスニシティ概念の登場の歴史を跡づける、と告げているが、論文のどの個所にもこの語は現われてこず、至る所で、これがエトゥニー（ethnie）またはエスニック・アイデンティティという用語に置き換えられてしまっている。

ここ数年来、それでもエスニシティの概念は少しずつ社会科学のなかに地歩を得てきて、これを用いる出版物の数は増えつづけている。しかし、まだ学問世界で確かな承認を得ているとはいえない。たとえば一九九一年刊のピエール・ブロンテとミシェル・イザル編『民族学・人類学辞典』にはこの見出し語はなく、主題として ethnie および ethnie minoritaire〔少数民族〕の小見出しの下に、初歩的な形で扱われている。ほとんどの辞典類、社会学や政治学の入門書には、事実上エスニシティは欠けている。

総じてエスニシティの概念は、移民の分野や、あるいはまたナショナリズムの領域で研究している数少ない研究者が採用しているにすぎない。他の多数派の研究者は、二つの主な理由からこれを拒否しつづけている。ある研究者たちにはこの概念は、いわば十九世紀の人種および人種差別理論の現代的焼き直しの企ての所産である。すなわち、科学的概念ではまったくなく、それを用いることで、不可避的に現代科学のなかに、再度、人種差別の持ちこみを結果するイデオロギー的武器にほかならない、と。別の研究者は、これは典型的にアメリカ的発明物であって、アメリカの集団間関係の文脈のなかではたぶん役に立つだろうが、ヨーロッパでは一般にこれを適用してもうまくいかないだろう、とくにフランスではそうだろう、と見る。

このようにフランス語圏社会科学ではこの概念の拒否は依然として一般的であるが、それは分析的な吟味手続の結果というより、むしろ予断から生じているように思われる。後に見るように、なるほどたしかに人種差別的伝統にかかわる歴史的連続性に結びついたエスニシティ論もいくつかはある。しかしそれだけでは、エスニシティの議論・用法のすべてを一挙に一般化し、この人種差別のイデオロギー世界に結びつけることの根拠にならない。また、それがアメリカで始まり発展をみたということは、必ずしも他の社会的文脈のなかでは役に立たないということを意味しない。たとえばフランスでどのような条件の下でエスニシティ概念が妥当性を認められるかということはたぶん検討を要するだろうが、頭からその使用を拒否すべきではないだろう。つねにそのように反応し、外来の概念や理論を考慮に入れるのを拒むべきだとするなら、フランス語圏社会科学はひどく貧困化してしまう。

実際、言葉の使用を拒んだからといって、それの指示する現実が消えてなくなるわけでもない。社会科学は、いよいよ複雑化していく世界の意味を明らかにできるように、新しい、より強力な道具を絶えず求めなければならない。こうした開かれた態度が、本書の目的であるエスニシティ概念の検討を要請するのだ。この分析にとっての不可欠な一ステップとして、エスニシティの概念の出現の過程を、人類学と民族学の展開における、時として好ましくない役割にも光を当てながら、手短かにたどることとする。

Ⅱ　エトゥニー、民族学、エスニシティ

ジャン＝ルー・アムセル（一九八七年）によると、エトゥニーとエスニシティの区別を明確にするほうがよいという。エトゥニーの概念は、とりわけ非西欧社会を研究する人類学者や民族学者によって用いられたが、これに対し、エスニシティの概念は、主として北アメリカの複数民族社会を説明するために社会学者によって使われてきたという。この確認は歴史的に見れば正しいが、近年の社会諸科学の展開に照らして、もう少し修正してもよい。まず、有力な社会学者たちは実際にはもはや躊躇せずにエトゥニーの概念を使っている。たとえばイギリスの社会学者アンソニー・スミス（一九八六年）が挙げられる

が、彼は実際にエトゥニーをその研究の中心に置いている。なお、スミスは適切にも、英語にはethnieにあたる厳密に等価の語がないということを指摘し、結局、フランス語圏の民族学のなかで選択可能な位置を占めていた用語であるフランス語のethnieを採用したのだった。他方、エスニシティの概念を使って、西欧社会ばかりでなく非西欧社会の研究も行なっている英語圏の有力な人類学者は少なくない。ただし、アムセルの言明は、人類学者と民族学者のエスニシティへの関心は遍在するものではない、という別の事実確認をみちびく。この概念は、実際にはほとんどフランスの伝統のなかにはなく、その他の研究の伝統のなかで中心的位置を占めているということなのだ。

つまり、エトゥニーとエスニシティのあいだに強い近似性があることは、どうしても否定できない。後者は前者に由来するものであるが、英語表現の社会科学と、フランス語表現の社会科学とでは、その派生の仕方が違うのだ。この違いから、エスニシティの概念が英語圏社会科学においてフランス語表現のなかでよりもはるかに頻繁に使われている理由も説明される。

エトゥニー、エトゥニク、エスニシティ、エトゥノロジー、これらすべては、同じギリシア語の語根から来ている。たとえば、エトゥニーは、エトゥノス（ethnos 複数は ethnè）から派生していて、後者は、もともと都市国家（ポリス polis）の政治的・社会的モデルを採用していなかった人びとを指した。エトゥニコス（ethnikos）は ethnos の形容詞であるが、ここに英語の用語のエスニックおよびエスニシティ、エトそれらに対応するフランス語であるエトゥニクおよびエトゥニシテも由来しており、その意味するところは「異教徒」である。すなわち、ユダヤ教徒やキリスト教徒がそうでない者に与えた名称である。英語の最初の用法では、エスニックは不敬虔という同じような意味を帯びていた。たとえば、ホッブズの『リヴァイアサン』は、改宗したキリスト教徒たちに、彼らの ethnic な政府に、すなわち不信心な政府に服従するようにと勧めている。民族学（ethnologie）も、右に述べた意味のギリシア語のエトゥノス、そしてロゴス、すなわち言葉、言説から来ている。

それゆえ、エスニックという語彙は、民衆のみならず他者、よそ者、異教徒を否定的に定義させるもので、もともとは人種とか人種化にかかわる含意はいっさいもっていない。そうした含意が取り入れられるのは、実際には、後年になってからであり、そうなってからは、エスニックの語彙は、主としてネーション、「人種」（race）と結びつけられるようになった。十九世紀以降、そのような意味でこの語彙は取り入れられ、フランス語でも英語でも、人間の種の諸特殊形態を指したのだ。また、以降、この時期を特徴づける、人種にかかわる問題的な議論のなかに明らかに位置するようになる。フランスでは、ゴビノー、ヴァシェ、ラプージュあるいはモンタンドンの著作の結果として、エトゥニーというフランス語は、ナショナルな境界を無視して、人種的、文化的、感情的な絆によって結びつけられた人びとを指すようになった（W. Petersen, in S. Thernstrom (ed.), 1981[1]）。

（1）この側面をさらに掘り下げたいと望む読者は、クセジュ叢書のなかの他の二つの著作、ロラン・ブルトン著『エトゥニー』（PUF社、クセジュ叢書九二四番、第二版、一九九二年）およびジャン・ポワリエ著『民族学の歴史』（PUF社、クセジュ叢書一三三八番、第四版、一九九一年）を参照されたい。

なお、これとは別に、ナチスの残虐行為があってから、西欧の社会諸科学では、人種にかかわる語彙は、次第に民族にかかわる語彙に置き換えられていく。この置き換えの過程ではユネスコが大きな役割を果たしている（A. Bacal, 1990）。

ethnicité と ethnicity という用語がエトゥニーという語に由来し、そのエトゥニーの研究は久しく民族学の領分だったということは否定しがたい。また、ナチスによって犯された民族大虐殺の結果、人種にかかわる語彙が二十世紀後半には禁じられて、民族にかかわる語彙に置き換えられたことも認めないわけにはいかない。

しかし、以上のことを確認しても、エスニシティの語が英語圏社会科学のなかで普通に概念のランクにまで高められた理由の説明にならないし、この用語が徐々に使われるようになったとしても、なぜフランス語圏の学問世界ではなおタブーに属しているのかも説明されない。

あたかも、フランス語の ethnicité が、エトゥニーやエトゥニクと系譜関係にあるため、十九世紀の人種諸理論やこれに引き継がれた文化の実体論に依然として結びついているかのようである。とりわけフランスでは、エスニシティはなお人種の婉曲語法と受け取られることが多く、十九世紀の遺物の生物学的意味において理解されている。このため必然的に、エスニシティは一個のイデオロギーに還元されるか、または卑しむべき人種差別の実践に帰せられるのだ。したがって、この言葉の使用は大きく抑えられることになった。

それにひきかえ、エスニシティの概念を導入したアメリカの社会学者たちは、たしかに、エトゥニーの研究を行なった民族学の伝統に示唆を得ながら、この用語を使ってエスニシティという新語を案出した。しかし、フランス語圏の思想家よりもはるかに明瞭に、エスニックという語彙に結びつけられた人種にかかわる含意のいっさいから、縁を切っている。なお、新語の発明の必要は新しい現実の出現によって正当化されるものである、すなわちそれは、利益集団である民族集団のアメリカの政治的場面への登場、およびそのような集団の構築である。言い換えると、エスニックの語彙を人種にかかわる問題的な議論へと結びつける旧思想は消滅したわけではないが、エスニシティという語の創出は、同時に、エトゥニーの語や人種諸理論との断絶を可能にした。言ってみれば、エスニシティは、エトゥニーに逆らい、人種に逆らってこそ、充分に大きく発展してきたのだ。このため、エスニシティの観念は、フランス語圏世界よりもはるかに早く、公に論議されることができたのである。

なお、なぜ、アメリカでエスニシティの導入が人種諸理論との訣別を意味したか――もちろんこの訣別がすべての者によって受け容れられたわけではないが――、それに対し、なぜフランスでは、これがはるかに不十分に、遅ればせになされたのか説明を試みるのも興味深いことだろうが、このような課題に取り組むには紙幅が充分ではない。それよりは、エスニシティの主要ないくつかの次元の提示へと記述を移し、きわめて複雑な一つの概念に光を当てる試みを続けることとしよう。

第二章　エスニシティの三つのレヴェル

アーヴィング・ホウによると、エスニシティという用語は、その真の意味を誰も知らないから非常に有用であるという（W. Sollors, 1986）。そのアイロニカルな響き以上に、この逆説的な言明は一片の否定しがたい真実を含んでいる。実際、専門文献をひもとくと、ほとんど無限といってよいほどのエスニシティの定義が見られる。そのいくつかは共通の方向を示しているが、他はばらばらであって、同じ一つの語が事実上まったく異なる現実を報告・説明するために用いられているとの印象を与えるほどである。このため、エスニシティの研究は多くの点で、理論的・経験的混沌の状況にあるように見える（A. Bacal, 1990）。

それはさておき、この概念の一般的な漠とした定義や単なるその目録の段階を越えようと思えば、われわれの前に置かれている多様な定義を整理しなければならない。そのためには、それらのうちで最も重要と思われる定義を、そこに挿入すればうまく合致するような理論的枠組みの中に位置づけるのがよい。この章の目的の一つはほかでもない、読者がそれを行なうのを助けることにある。とはいえ、出発点の定義なしで済ませるのはむずかしい。そうした定義であっても、複雑で動的きわまりない現実を主題とする最終的な考察への、いわば発射台の役割は果たせるだろう。

I　エスニシティの一定義

多くの現代社会でエスニシティは、社会的・政治的分化の主要な形式の一つをなす一方で、構造的統合の主な形式の一つをもなしている。それは、民族的と呼ばれる集団の間の身体的・心理的・文化的な相違に関する社会的・政治的定義の生産と再生産に基づくものであるが、これらの集団はまた、その相互間にさまざまなタイプの関係（協働、闘争、競争、支配、承認など）を展開する。

したがってエスニシティは、所与の一社会における諸個人の社会的な分類、および集団間の諸関係に関連するものである。民族と民族集団について、これを完全に孤立させて語るのは、片手による拍手喝采について語るのと同じくらい馬鹿げている、とグレゴリー・ベイトソンは述べた（T. Eriksen, 1993）。

複数の集団が相互に最小限の接触をもち、それらが集団としての存在を再生産するために文化的・身体的・心理的な特有性という観念を保持しなければならないとき、はじめてエスニシティが顕現する。

社会科学の観点からすると、エスニシティは集団の客観的な一連の身体的・心理的・文化的特性によって定義されるはずだ、などとはまったく言えない。エスニシティを基礎づけるもの、それは客観的な文化的ないし生物学的相違と実体ではなく、「実在的」であるか否かを問わずそれらが社会諸関係に対してもつ重要性にほかならない。言い換えると、エスニシティはむしろ、他から明確に区別された集団をつくりだすことを可能にするかぎりで、それらの生物学的・文化的な実体と相違の、社会的・政治的な構築(construction)によって定義されるということである。一つの文章で言うなら、エスニシティとは、常時最少限の相互行為が行なわれている他の諸集団の成員と文化的に異なっているとみずから見なし、他者からもそのように見なされている、社会的諸行為者のあいだの社会関係の一側面である。

じゅうぶん今日的な一つの例を挙げてみよう。セルビア人とクロアチア人の民族的性格を基礎づけているものは何か。それは、二つの集団のあいだの客観的な、文化的または身体的な違いではない。それは、両者の相互行為において、この二集団が近年、たがいに他集団との対比で区別できるような固有の文化的特性があると信じているかのように振る舞っていること、そのことなのだ。

なるほどたしかに、エスニシティは身体的・文化的なたぐいの基準を意味している。けれども、そうした基準も、社会的・政治的な構築物と考えられるのであって、自然の不可侵の実在などとは断じて考えられない。身体的・心理的相違について、生物学者は、「種」（race）という観念は人類に適用するかぎり何ら科学的な意味をもたない、ということを明らかにしている。もっとはっきり言えば、身体的・生物学的観点からは人間の種というものは存在しないのだ。ところが、生物学的には存在しないというのに、社会的・政治的な構築において、人種は紛れもなく存在する。実際、人種が実在するかのように振る舞う者は少なくなく、個人を一個の人種的基準に基づいて分類することも行なわれる。こうした分類は、人種隔離の政治体制の誕生にまで行き着くことがある。社会科学の役割は、まさにこのたぐいのカテゴリー化と命名の社会的・政治的妥当性のいかんを検討することにあろう。たとえばハリー・グールボーン、ジュリアン・ピット＝リヴァース、チャールズ・ウェイグリーのような若干の研究者は、人種の観念の、生物学的な、自然的ではない、構築された性格をはっきりさせるため、「社会的人種」という表現を用いてはどうかと述べている。

文化的相違についても同じことがいえる。文化的相違は、紛れもないものとして初めから与えられているのではなく、個人間、集団間の諸関係をうまく利用しようとする行為者と社会構造とによって、絶えず再構成されているのだ。ある場合に、きわめて大きな文化的相違があっても、それで社会的行為者がみずからを分類したり他者を分類できるわけでもなく、それが何ら社会的妥当性をもたないこともある。他方、わずかな文化的な違いが、所与の社会において社会集団の構成と形成に決定的な影響を及ぼすような場合もある。この場合は、前者の場合と反対に、「現実」がどうであれ、文化的相違に訴えると、人間集団間の諸関係を構造化するのに都合よく作用するというもので、エスニシティの専門家の関心を惹いている。

こうした論理化の段階では、先に挙げた定義には、当然以下のようなコメントが加えられることになる。第一に、エスニシティは、社会的・政治的な分類の一形式、わけても構造的不平等の一形式にほかならない。事実、民族的な関係と分化は、社会階級間、男女間、さらには国民国家間といった他の形式の社会関係と社会分化に密接に結びついている。だから、社会科学の課題の一つはまさに、この社会的分類と分化の異なった様式が時間と空間のなかでどのように相互作用し、変化していくのかを分析することにあろう。第二に、現代社会のほとんどで民族的なものは著しく重要になっているが、しかしつねにどこでもそうだというわけではなく、ある時期、そしてある社会的文脈の下では、それが社会諸関係に何ら関与しないこともある。それゆえ、エスニシティは人類の歴史のなかでは一つの変数にすぎないのである（A. Cohen, 1974）。

以上の二つの指摘を考慮に入れるなら、エスニシティの研究分野のなかでよく犯される二つの誤りを警戒しなければならない。一つには、エスニシティを物象化すること、つまりこれを所与の、自然の、不可避の、そして説明を超えた実在のように扱うことを避けなければならない。他方、エスニシティの重要性と射程を誇大に見ることや、これを社会生活における唯一つ有意味な次元のように見なすことも避けなければならない（P. Brass, 1991）。

とすれば、エスニシティの意義は、ある種の条件の下でそれが重要な意味をもちうる三つのレヴェルに即して捉えられるべきである。すなわち、微視社会的レヴェル、中間社会的レヴェル、巨視社会的レヴェルである。以上の三重の区別をすることで、エスニシティをその全体の複雑性のなかでよりよく特徴づけることができよう。

II 個人的・微視社会的レヴェル

個人的・微視社会的レヴェルでは、エスニシティは、多分に主観的な次元で現われる。それは感情に、そして少なくとも一民族集団に個人の感じる所属の意識に対応する。この主観的アプローチは、マックス・ウェーバーの著作から示唆を与えられており、彼によれば民族集団とは、文化、習俗、経験の類似性に基づく共通した出自をもつコミュニティの存在を信じる諸個人の総体である。ただし、そうしたコミュニティが客観的に存在するかどうかは別である（M. Weber, 1978）。

こんにちでは、大多数の研究者は、アイデンティティの多数性を抵抗なく認めている。事実、各々の個人が、歴史的・社会的・経済的・政治的文脈に拠りながら、同時的にまたは逐次的に具体化されるような複数のアイデンティティによって自らを特徴づけることはありうることである。たとえば、個人がある職業集団、ある性集団、ある社会階級、ある国民、ある民族集団などに所属しているという感情をもつように。これらさまざまなアイデンティティ要素は、原則として複合的な一アイデンティティのなかに構造化され、個人はその複合的アイデンティティを通じ、行為者として社会的相互行為に参加する。

一般に、個人のアイデンティティは、本源的で、不可侵で、不動であるような客観的与件ではない。反対にそれは、社会的、歴史的、政治的な構築のダイナミックな過程の所産なのだ。民族的アイデンティティも、これと変わるところはない。個人は、二本の腕と二本の足をもって生まれてくるように、一個の民族的アイデンティティを授けられて生まれてくるわけではない。

民族的アイデンティティも変化しうるものだし、多様でありうる。個人は、たとえばパリっ子と感じつつ、同時にフランス人、ヨーロッパ人、また親のうちの一人の出自がそうであればアラブ人と感じることがあり、これらのアイデンティティの同時的な担い手であることもあれば、当人の置かれた特定の状況に最も適合したアイデンティティを選択することもある。民族的アイデンティティが潜在的に止まり、さらには不在であることもある。必ずしも一国民とか特定の一民族集団への所属感情をもたず、むしろ、たとえば人類とか同性集団に所属感をいだく人びともいないわけではない。

とすれば、このレヴェルのエスニシティを研究する場合、当の個人にとって、民族的アイデンティティは何において根本的重要性をおびるのかを問わなければならないだろう。それはつねに個人の選択によって生じるのか、または、しばしば社会的・政治的な付与の結果なのか。民族的アイデンティティは、社会的相互行為からの結果としてどのように展開するのか。個人が、習慣、言語、宗教などの指標一式を用いながら、自分たちを、相互的に、民族的カテゴリーに配置していこうとする過程は、どのようなものなのか。民族的アイデンティティと他の種類のアイデンティティの関係は、いったいどうなのか。

これらの問いは、エスニシティ研究では、長らく軽視されてきた。民族的アイデンティティが自然と結びつけられ、したがって、社会科学の探求から逃れていたあいだは、考察の対象とされることもなかったのだ。こんにちでは、もはやそうではない。民族的アイデンティティの、被構成的で動的な性格を強調する研究者はいまでは多数に上っている。なお、こうした力動性および可変性を説明するには、たぶん、民族的アイデンティティよりも、民族的アイデンティフィケーションという用語で考えていくべきかもしれない。

III 集団的・中間社会的レヴェル

いま述べたレヴェルにおける研究課題の一つは、個人にとっての民族的アイデンティティの重要性を見出すことであった。それに対し、集団的・中間社会的レヴェルは、主に、民族に関わる動員、集合行動に対応する。

民族集団は、そのものとして社会のなかに存在するような所与の自然の実在ではない。たしかに研究者は、人びとを、肌の色、民族的出自、移動経験、宗教、話し言葉など、一連の基準をもとに、一連の区別された民族的カテゴリーに分けることはできよう。なお、研究者によって区別されたカテゴリーにいくぶんともよく対応した民族集団に所属の感情をもっている個人が存在することはある。しかし、そのように線引きされた民族的実体は、必ずしも社会的には存在しない。もっとも、場合によっては、集合的な民族的アイデンティティのなかに諸個人の民族的アイデンティティが結晶化することで、言い換えるなら固有の意味での民族集団がつくられることで、社会的実在性を獲得することもある。

民族的動員とは、共通の民族的アイデンティティを基礎に、集合行動のために民族集団が組織化されていく過程を指すものである（J. Nagel, 1994）。ここでは、民族的な結社がどのように生まれるのか、どんなタイプの民族的なリーダーシップが出現し、どのように集団が組織化されるのかを検討することになる。

こんにち、世界中のどこでも、エスニシティは、明らかに一つの重要な動員原理をなしている。とはいえ、集合行動を構造化するこのエスニシティの力は、説明を必要とするものである。ある時期のある場所では民族的なものの出現に力を貸し、別の時期の別の場所では公生活の場面から民族的なものを消し去るように見えるその条件は何なのか、そうした社会的、政治的、経済的、文化的な条件を明らかにしなければならない。

右に述べたように構成された民族集団が関与する集合行動を研究しなければならないのも、このレヴェルにおいてである。その前提として、所与の社会のなかで活動しているさまざまな民族集団の間の関係についての注意ぶかい検討が必要となる。それらの関係の性質はどのようなものか、対立的か、競合的か、協働的か、など。異なる諸集団によって押し出されてくる要求はどのようなものか。それらは公的政治に関わるのか、それとも、別の集合的参加の手段に頼るのか。

Ⅳ　巨視社会的レヴェル

エスニシティは、一つの民族的なものへの個人の同一化の過程に対応するものであり、また、集団的動員の一過程として、さらに集合行動の一動員原理として研究されるべきものでもある。そして、エスニシティを巨視的なレヴェルに位置づけないことには、この導入的な一覧表は完成しない。

このレヴェルではエスニシティは、民族的アイデンティティを形成し、民族的カテゴリーへの所属に応じて規定される一つの社会的位置へと諸個人を配置する、社会的・政治的・経済的性質の構造的な拘束に関係する。

それゆえ、エスニシティは、もはや、アイデンティティに関わる用語によっては捉えられない。逆にむしろ、個人の上に多少とも決定的なかたちで課される構造的拘束を、強調するものである。一民族的カテゴリーへの諸個人の所属は、彼らの社会的・職業的・文化的生活に、また、同じくその物質的な充足にも著しい影響を及ぼす。とすれば、エスニシティは、もはや個人的・主観的選択の関係する問題ではなく、一民族的カテゴリーに分類された個人が、時には、当人の意思に反してさえ向き合わなければならない義務である（B. Lal, 1983）。その所属意識がどうであれ個人は、一個の民族カテゴリーのなかに配され、その分類が彼らの日常生活のさまざまな次元で重要な結果を生じる。それゆえ、エスニシティは、現代社会における社会的分化の、客観的な軸線の一つとなる。

個人の上に及ぼされる客観的拘束という意味でのエスニシティの源泉としては、主に三つのものが区別される。まず、社会的分業と労働市場が、客観的な民族分化をつくりだす可能性がある。いくつかの社会に見られるのは、経済活動の特定業種（建設業、縫製業、重工業など）と、ある種の職業（鉱夫、単能工など）への特定の民族的カテゴリーの集中である。個人は、想定された民族的所属の結果、雇用市場において特定の地位を占める大きなチャンスをもつが、また、そこから他の地位へ移ることが往々にしてきわめて難しいこともある。たとえば、西欧の諸社会ではしばしば、斜陽の重工業に、移民労働者とその子どもたちが度を超えて集中し、危険で報酬の少ない低い職位の仕事に従事している姿が見られる。労働市場の中のある特定の地位が、ある民族的カテゴリーへの所属とみなされる諸個人に振り当てられるようなとき、労働市場のエスニック成層について語ることができる。奴隷制はその極端なケースである。たとえばアメリカの場合だが、奴隷は、皮膚の色のため、搾取され、主人に全面服従する農業労働者の位置に封じこめられていたという意味で、そうなのである。奴隷は、他の労働者たちと同じ労働市場に参入することはなかった。労働市場は分割され、二元化されていたのだ。

次に、国家も、エスニシティの構成と制度化において、重要な一つの役割を演じることがある。西欧世界では、第二次大戦後、国家が社会的介入を広げ、市場であらかじめ振り分けられていたもろもろの資源の配分を行なうようになった。その実施にともない、個人の想定された民族的な所属を基礎として、資源を配分する目標集団を定めたのである。

最後に、エスニシティの創出と再生産における研究者と科学的生産の役割についても考えてみなければならない。社会的な事柄を検討するとき、民族の解読格子をあてはめることから始めるような研究者は、彼が見出したいと欲している現実を創造するのに力を貸していないだろうか（T. Eriksen, 1993）。たとえば、アメリカの思想家のなかには、一九六〇年代から社会階級は凋落し、民族集団が台頭していると語る者がいるが、彼らはある程度、アメリカ社会における客観的な民族分裂を実際に強める役割を果たさなかったか。

いずれにせよ、いくつかの指摘は可能であり、そのうちの若干について、次の章におけるエスニシティの主な理論の検討に好都合なように、掘り下げておきたい。第一に、エスニシティは、生物学的な血縁関係の問題ではなく、むしろ社会的・政治的な構築の問題なのだ。それゆえ、エスニシティは人間の可変的な要素であって、不動、不変の特性などではない。しかし、場合によっては、説明を与えなければならない一従属変数として考察されることもあり、また、他の諸現象を説明してくれるような一独立変数として考察されることもある。第二に、といってエスニシティはもっぱら個人的選択と主観性の関わる事柄でもなく、構造的・客観的な拘束の関わる事柄でもある。第三に、いま分析的に区別したエスニシティの三つのレヴェルは、エスニシティの理論的枠組みのなかで考察されなければならない。エスニシティが集団組織の問題であるとともに、個人的意志作用の問題、巨視社会的拘束の問題でもある以上、これら三つのレヴェルと、微視的、中間的、巨視的な各アプローチを結びつけようと努めることが、最も説得力のある説明となろう。

第三章　エスニシティへの主な理論的アプローチ

　過去二十年間にエスニシティについて数多くの理論化の試みが生まれたが、それ以前には、あらゆる理論的議論は、直接に、同化主義か、または文化多元主義のパラダイムのなかに位置づけられていた。学術刊行物に見られるこの乖離は、右の両モデルが、根本的な変動のなかにある世界に観察される民族的なものの動態に直面し、次第にうまく対応できなくなっている、という限界の自覚によってある程度説明できる。

　この章の目的は、エスニシティの理論の全体的概観を行なうことにあるが、全体を網羅することはできない相談だから、ここでの紹介は、明らかに不可欠であるような理論的アプローチに絞ることとする。実はそう簡単に割り切るわけにもいかないのだが、選択は、主な二つの基準からなされる（R. Thompson, 1989）。第一に、範囲の限定された諸理論が、エスニシティの分野で行なわれる多くの経験的な研究に基礎として役立っている。ないしは、役立ってきた。それゆえ、アカデミックな場では、これが比較的大きな影響力をもっている。第二は、じゅうぶん高度な一般性を示す理論的アプローチである。これはエスニシティおよび民族諸関係について一連の前提、すなわち公理に基づくかなり広範な説明図式を提出するものであるが、そうした前提はたいてい論争の的となる。

一般的に言うと、たがいに異なるエスニシティの理論でも、民族間に不平等が存続し、それが解明されねばならない大きな問題の一つであることは認めている。ほとんどの理論にとって、民族的不平等は、民族に関わるテーマの社会的現実的重要性の主源泉となっている。なお、エスニシティの複雑性は、あらゆる理論が多少とも強調する点であるが、それに反し、エスニシティの有効かつ妥当な説明とは何かという問いに答える段になると、ほとんど全面的な不一致が現われる。

この点で、自然主義理論と社会理論という二つのタイプのエスニシティ理論が区別される（R. Thompson, 1989）。自然主義理論は、エスニシティおよび民族的な諸行為を、人間における本質的な側面と見なす。民族的近親者をもちたい、それに従って行為したい、という欲求は人の本質のうちに描きこまれているとする。食の欲求や、睡眠の欲求と変わらない生物学的欲求、というわけである。これと逆に、社会理論は、エスニシティの説明のなかに入ってくる社会的諸要因を強調する。民族集団を、生物学的実在としてではなく、社会的構成物として考察するのである。理論によって程度はさまざまだが、エスニシティは文脈と社会的状況に帰せられる表象と見なされる。この両者の根本的な区別、それがこの章の組み立ての基礎となる。

なお、各理論は当然、前の章で区別した三つのレヴェルでエスニシティの説明を試みているはずである。第一に、民族の感情と民族の分類を、どのように説明するか。すなわち、個人が、場合によって、ある一つの民族カテゴリーに所属感情をもつということはどうして起こるのか。また、個人が、他のある者をこれこれの民族カテゴリーに配置するということを、どのように説明するか。第二に、一民族集団の集合的アイデンティティは、どのように形成され、集合的民族行動は、どのような条件の下で創られるのか。また、後者は、どのような形態をとるのか。それはなぜか。最後に、社会的地位や役割を民族的基準の基礎としている社会体制があること、またそうでない社会体制もあることは、どう説明されるのか。異なった諸理論に検討を加えることで、これら三つの問題について理論がどのような立場をとるかを比較できよう。

提示するいろいろな理論について読者が自分の批判的観点を展開できるような比較の手がかりを提供するため、七点にわたる紹介の枠組みがつくられた。これは、各理論または各一連の理論について、可能なかぎり尊重される。こうすることで、理論が登場してきた一般的な文脈が何であるかが示される。理論の各々は、それの当初の専門科学分野のなかに位置づけられる。また、各理論が推奨するエスニシティの特有の定義を挙げるとともに、当の理論がどのレヴェル（微視、中間、巨視）に位置づけられるかを考察すること、これも必要なことである。理論の提起する具体的問題およびその骨組みも明らかにされる。そして、各理論の貢献と、その主要な問題点が示される。

I　自然主義理論

社会科学に関する著作のなかで自然主義理論について論じるのは、一見、場違いではないかと思われるかもしれない。社会科学が多様な側面をもつ社会的現実の説明において、社会的要因の重要性を強調するのに対し、自然主義理論はむしろ、生物学的・自然的要因を強調するからである。けれども、自然主義理論をここに含めるのには、二つの理由が味方してくれる。一つは、自然主義理論は、生物学的・自然的なものへの還元を行ないながらも、社会的なものを説明するのだ、と主張していることである。この点では、自然主義理論を無視するよりも、これを社会諸科学と突きあわせるべきで、場合によっては、前者の行なう説明がどういう点で妥当なものとして現われてくるかを示す必要がある。第二の理由は、自然主義理論は社会諸科学の上に影響を及ぼし、しばしば後者のうちで論争を刺激している、という点にある。であるなら、社会科学が自然主義理論との関連でみずからを位置づけるようになっている以上、最も重要な自然主義理論を、簡略にではあれ、紹介しないわけにはいかない。それが、社会生物学的理論と、その他の原初主義的（primordialiste）な諸理論である。

1　エスニシティの社会生物学的理論

社会生物学は、新しい科学分野であり、その誕生はしばしば、エドワード・ウィルソンの『社会生物学――新しい総合』（一九七五年）の刊行と結びつけられる。その名から予想されるように、この科学は、社会学と生物学のあいだの科学的総合を行なうのだと自負している。これは当初から、反証不可能性ゆえに、また人種主義的内容ゆえに、広く異議申し立てにさらされてきたが、にもかかわらず、エスニシティの分野で、若干の社会学者に影響を与えたように思われる。たとえば、チャールズ・マーレイの近著『鐘状曲線――アメリカ人の生活における知能と階級構造』（一九九四年）がそれで、同書はとくに、知能と「人種」との結びつきは究極的にいえばかなり緊密であると主張し、論争を再燃させた。

民族的なものと人種的なものの関係という特定の分野では、ピエール・ファン・デン・ベルゲの『民族的現象』（一九八一年）が、現在でもなお、社会生物学的アプローチの礎石をなしている。

ファン・デン・ベルゲの分析は、包括的適応の原則、ネポティズム〔社会学用語では、縁者びいき〕、親族選別、それから派生する互酬性などの観念に基づいている。このベルギー出身の著者にとっては、動物社会と同様、人間社会の凝集性も成員たちの個体的利害に基づく。この利害は、再生産上の成功によって測られるという。およそ生命形式の生物学的発展が生じるのは、示差的再生産を通じてである。したがって、諸個人は、個人的適応を極大化するため、つまり個人的再生産的利益を満たすため、相互作用に入り、闘争、競争、協同のなかに身をおく。それは第一に、ネポティィズムや、親族選別によって、第二に互酬性によって、第三に強制によって、というように、主に三つの様式で行なわれる。以上の点では、人間行為を他の動物の行為から根本的に区別するものは何もない、と。

ネポティィズムまたは親族選別、これらは、その親族に有利にはたらく諸個人の、言い換えると同じ遺伝子の担い手としての存在の、自然の傾性を指している。それというのも、彼らの個人的適応を極大化したり、個人的再生産上の利益を満たすためなのである。個人的再生産上の利益の充足は、場合によっては、発生的には距離の大きい諸個人との協同を通して進められる。互酬性と呼ばれるのがこのタイプの関係である。しかし、ファン・デン・ベルゲによれば、この協同はたいてい非常に不安定なものであり、そのため、この関係の効果と各当事者によるこの関係の尊重を確保するための強制力が、必要になるのだという。

以上のモデルでは、エスニシティは、なによりもまず、血の問題、遺伝子の問題、同一民族によって特徴づけられる、諸個人間で共通の客観的な子孫たちの問題にほかならない。ファン・デン・ベルゲは、エスニシティの重要性は、社会的環境によって異なることがあるとたしかに認めてはいるが、しかし、それはつねに、同じ民族集団に属する個人を自然に近づける生物学的・遺伝子的な基体に基づく。もろもろの民族的・人種的関係の基礎は、理の当然として、親族選別を経た遺伝子的先有傾向のうちに見出されるべきものである。この力にみちびかれて、個人は自己中心的、自民族中心的に振る舞う。社会、そして文化とは、各人の遺伝子に動かされた個人的行動の総体からの帰結にほかならない。そして社会制度は、当然、ヒエラルキー化された、強制的、人種差別的なものである。言い換えると、およそ人間はその本質からして人種主義者であるが、文化という手段によって、この宿命に抗するという希望はもてるだろう。さらに個人は、場合によっては、再生産上の利益を充足するため、生物学的な意味での異者たちとの協同を強いられることもあろう、と。

エスニシティの社会生物学理論は、この親族選別と互酬性の観念に拠っているが、ファン・デン・ベルゲにとっては、民族的な分類と感情は、ネポティズムの拡大として理解されねばならない。民族的社会組織の諸形態はといえば、もちろんネポティズム的基礎をもつが、文化的諸発展の結果でもある。

ファン・デン・ベルゲは、民族的な分類と感情を説明する三つの命題をとりまとめている。第一は、民族の分類は、親族分類の拡大にほかならないというものである。前者は、男女を、共通の後裔の客観的な基準をもとに親族、非親族に分類することを可能にする。第二は、民族的感情は、親族感情、すなわち非親族よりも親族をひいきするという自然の傾性の拡大である、というものである。とすれば、人種差別主義、および自民族集団の成員を他の者よりも好意的に扱うという傾性は、ネポティズムの拡大にほかならない。生物学的・遺伝子的な因子によって同じように説明されるわけである。第三に、民族的な分類と感情は、みずからの遺伝子の再生産のための闘争という、潜在的な、すなわち無意識な力の所産である。

だが、以上、三つの命題のどれも、証明されたためしがない。それどころか、たとえば最初の二命題はとくに、人間の親族分類のシステムは親族間の生物学的近さの度合に基づくものと想定しているが、人類学者たちはそうではないことをはっきり証明している。事実、生物学的近さと社会的近さは必ずしも対応関係にはなく、そのことは、ファン・デン・ベルゲの主張に反して、必ずしも個人間の生物学的近似性に基づかない民族分類にいっそう与《くみ》するものである。

また、民族の社会的組織の問題や、とくにエスニシティと社会階級の関係を取り扱う段になると、エスニシティの社会生物学的理論はさらにその貧困が懸念されてくる。ファン・デン・ベルゲにとっては、民族的親近性に基づく社会組織は、生物学的・自然的基盤の上に築かれるものである。とすれば、エスニシティに基礎を置く社会集団は、社会階級に基礎を置く社会集団よりも本源的だということになる。血という絆は、金という絆よりも強いのだ。実際、彼にとっては、社会集団に基礎を置く社会組織は、その時々の共通利益を守るための、諸個人の利己的オポチュニズムに基づく、便宜的な結合にすぎないと見られている。社会階級は、成員間にあらかじめ存在する連帯に基づいていないから、状況が変わり、諸個人がそれぞれの異なった利害に気づくときには、解体してしまう。要するに、エスニシティに基づく社会組織が安定し、強固であるのは、その組織が人間の本質に、すなわち、生物学と血に根ざすからにほかならない。それに反し、社会階級に基礎を置く社会組織が一時的で、脆弱であるのは、まさに、それが社会的基盤しか頼りにできないからである、と。陳腐な表現だが、ファン・デン・ベルゲは、社会階級は金の問題でしかないのに、エスニシティは血の問題であるため、強固なのだと主張する。

科学的観点からすると、この見方はまったく適切さを欠く。すでに見たように、民族的絆は血の絆ではないことを人類学は証明していると述べた。また、社会階級の絆を金の問題に還元するのも、おそろしく単純に見える。

ファン・デン・ベルゲのアプローチは、エスニシティの説明を個人の諸特性のなかに探っている点からみて、明らかに個人主義的である。しかし、社会生物学は、他の個人主義理論、とりわけ後に紹介する合理的選択の理論と反対に、エスニシティの非合理性を強調しており、この非合理性という特徴は、政治のレヴェルでは力を発揮する。実際、政治的目的に向けての民族的なものの動員は、容易である。なぜなら、既存の民族感情を活性化して、これをわれわれの生物学的な荷物カバンのなかに入れ込めばよいからだと言う。この最後の点はあらためてこの理論の原初主義的な性格を特徴づけている。なお、社会生物学の命題は、いずれをとっても、まともな経験的データによって裏づけられていない。リチャード・トンプソンが言うように（一九八九年）、社会生物学は、悪しき社会学であるばかりはなく、悪しき生物学でもある。民族関係をネポティズムと互酬性への適応の極大化への顧慮に還元すること、それは、何らエスニシティに関する知識の増進にはつながらない。反対に、この種の理論は、おそらく意図的ではないだろうが、根本的に反民主主義的な政治勢力によってしばしば知的装いの下に用いられる人種的発想による諸理論に、疑似科学的な信憑性を与え、不吉な政治的意味合いをおびる恐れがある。

2　その他の原初主義的理論

社会学を創始した父祖たちは、民族的なものをほとんど重視しなかった。産業化と近代化の過程の進行の前に、それは影を薄くしていくというのが彼らの論であり、民族的な紐帯は、現代の諸条件に次第に適合できなくなる伝統的社会の特性と見なされていたのだ。ところが、ナチズムの災厄にみちた経験や、アメリカにおけるアフリカ系奴隷の子孫たちの隔離の継続は、この観点に反するものであった。ドイツとアメリカ合衆国という、最も近代化された国々に属する両国が、人種差別と民族差別という統治の様式を示したのである。

そのため、民族というものの現代世界における旧態的な性格をめぐって激しい論争が生じたが、そこから、原初主義と呼ばれる正反対の立場が生まれた。エスニシティへの原初主義的アプローチは、ふつう、英国系社会学者エドワード・シルズと、人類学者クリフォード・ギアーツの著作に結びつけられる。

エドワード・シルズは、「原初的」という言葉を使った最初の人で、それは、家族関係に関する著作の中でだった。彼は、一九五七年の「原初的・個人的・聖的・市民的紐帯」と題された論文の中で、家族の他のメンバーや両親への愛着は、個人が血のつながりへと帰する消しがたい意味化作用から力を得ている、と書いている。個人は、血縁というものをあたかも彼らの宗教信仰のように、つまりは聖なる属性のように知覚している、と神秘的かつ霊的な語法で述べている。

クリフォード・ギアーツ（一九七三年）は、この議論を正面から取り上げた。彼は彼で、エスニシティという原初的な紐帯は自然的な、すなわち霊的な源泉をもっており、社会諸関係には起源をもっていない、と力説する。不変で、かつ、不可欠なものというわけである。ギアーツによれば、エスニシティの基本的な特質は、自分の民族以外のどんな集団にも属したくないという、諸個人の内奥の欲求にある（M. Yinger, 1985）。いわば、民族的同一化と自民族中心主義の過程のなかに働く、きわめて拘束力の強い生得的・本能的な諸力といったところであろう。ダニエル・ジュトー＝リー（一九八四年）の表現によれば、原初主義者の観点からすると、エスニシティとは、おのずから民族集団を生み出す、あの消しがたい刻印ということになる。この観点においては、人は、民族的存在になるのではなく、民族的存在として生まれるのだ。人は生のある時点では、民族の他の成員に自分を結びつけている絆を意識していないことがある。しかし、後者との絆が各人の生の表層に浮かび上がってくるような時点が必ずやってくる、と。

民族集団は、客観的、固定的で、事実上永久的な実在と見なされ、世代から世代へと伝達されるきわだった真性の文化によって特徴づけられる。それゆえ、ここでは、文化的遺産という観念が中心的位置を占める。民族集団は古くからの実在であり、最初の始祖にまでたどれるような過去からの存続物である。文化伝達について語られるこの物語こそが、民族集団の真正の魂をつくりあげ、その真の帰属を定めることを可能にするという。

原初主義が研究対象として好むのは、現代のなかで存在を脅かされている民族集団の延命および存続の問題である。同化は、民族集団の社会のなかへの解体・吸収を意味するものである以上、とくに原初主義の敵である。

ということは、原初主義の観念の吟味をさらに推し進めたほうがよいということであり、ジャック・エラーとリード・クーラン（一九九三年）に言わせると、この観念は、「先験主義」「不可言性」「情動性」という三つの観念を含んでいる。

「先験主義」という語は、エスニシティは経験的に確かめるまでもないもの、原初的なもろもろの絆は所与のものとして置かれるという観念を指す。それらの絆は、原初のもので、自己原因をなしている(J. Eller & R. Coughlan, 1993)。民族集団を特徴づけるこれらの絆も、また言語的・文化的実在も、社会的相互行為に先だって存在するものであり、むしろ、相互行為の諸関係を規定するものである。「不可言性」という言葉は、エスニシティのいわくいいがたい、記述しがたい気高い性質、ならびにその絶対的・拘束的性格に関係する。また「情動性」という語は、エスニシティとその他の原初的な絆の感情的・情動的次元を強調しようとするものである。

エスニシティの感情的側面は、従来たいてい無視されてきただけに、ある観点から見れば、これを強調するのは原初主義的考察のもたらした積極的な寄与といえる。ただ、原初主義者たちは、この情動的次元を、エスニシティの自然の、不可抗、不変の性格と結びつけているように思われる。そこから二つの主要な欠陥が生じる。まず、原初主義は、民族的現象の発生に説明を与えることができない。実際、エスニシティは、もっぱら一独立変数として考察され、社会的・政治的現象に説明を与えるが、それ自体はあらゆる説明から逃れ去っている。この立場は、なるほど社会生物学的原初主義者の唱える立場よりはましだが、しかし民族的現象の聖性を優先し、社会科学の役割の否定となっている。ところで、情動の社会学、さらには情動の政治学といったものを考えることは可能であり、必要である。というのも、情動や感情は自然的なものからはほど遠く、社会的、政治的な構成物でもあるからである。エスニシティの分野で、情動の社会的な構築を支配している過程の研究が進められれば、それは、独創的で実り豊かなものとなるだろう。

なお、民族的観点からは、複合的な祖先をもつ人々が存在するが、この場合、原初主義者の立場の適否が問われることになる。事実、これらの多くの場合、伝達される民族性とはいったい何なのだろうか。原初主義者は、この問いに答えられない。もし答えようとすれば、自然的でも所与でもなく、社会的なものである継承のもろもろの規則についての研究が必要になる。

それだけではない。原初主義は、エスニシティを完全に社会・政治構造から切り離してしまうので、とくに微視的・中間社会的レヴェルに位置することになる。ここであらためて、エスニシティの複雑性の理解を妨げる還元的な立場が問題にされるのである。

社会生物学と同じく、原初主義も、有害な政治的意味合いをおびる恐れがある。というのも、エスニシティが人間性の窺《うかが》いがたい神秘に根ざすものであるなら、民族間対立も「自然的現実」ということになり、その解決を図るのは至難となるからである。この立場は明らかに、民族抑圧のカードを切る政治家たちによってイデオロギー的な口実として使われる可能性がある。

結論としては、エスニシティの自然主義理論の頼っている生物学や人間本性に訴えることは、社会科学の放棄であると解釈することができる。あるいは、むしろある種の社会科学研究者の示す忍耐心の欠如と見ることができる。民族的なものの現出およびその力を前にして、これへの社会学的説明を見出せず、代わる別の社会科学もないため、あたかも人間の「本来的」な説明不可能な特性を論じなければならないかのように考えがちな研究者もいる。まさにそのために民族の遺伝子を探求するような研究者が支持されなければならなくなり、そのわずかな一歩は、人びとの考えるよりもはるかに早く踏み越えられたのだった。こうして、エスニシティは人間本性の神秘的な深みに追いやられ、社会諸科学にとって理解不可能とされるばかりでなく、さらには、すでに気づかれているが、これが十九世紀の人種理論へ立ち戻ることを正当化する恐れもないとはいえない。

Ⅱ　社会理論

エスニシティの社会理論は、民族的現象を説明してくれる社会的要因に主に検討を加えるものである。対象とする理論によって程度の差はあるが、あらゆる社会理論は、エスニシティは社会的・政治的過程の産物であって、人間の生物学的・遺伝子的側面ではない以上、柔軟で変わりうるものである、と考える。しかし、この共通点を超えると、エスニシティの社会理論は、さまざまな視点に応じて、分かれていく。したがって、考慮される基準にしたがい、種々の分類の対象となりうるものである。

まず、エスニシティの「客観主義的」理論と、「主観主義的」理論とが区別される。前者は、エスニシティの客観的諸側面を強調するもので、たとえば、社会・政治構造の機能のなかで、また各民族集団の特有の文化の内容にしたがって現われる、客観的側面がそれである。後者の理論は逆に、むしろ、民族集団への所属感情ないし個人的同一化を説明してくれるような諸要因に光を当て、エスニシティの主観的側面を強調する。なお、これとは別に、エスニシティの「合理主義」理論と、エスニシティをもっぱら所与の民族集団への純然たる非合理的・情緒的愛着として扱う理論とを区別することもできる。前者では、エスニシティとは、社会的アクターが社会的・政治的戦略のなかで合理的に活用する資源、武器、道具となりうるものである（P. Eisinger, 1978）。ところが後者では、エスニシティは個人的計算や戦略から完全に無縁のものであり、むしろ個々人の意識の上に課されるものである。さらに、エスニシティの静態的理論と動態的理論を区別することもできる。前者が、所与のある時代と場所における民族的なものの機能の仕方に関心を寄せるのに対し、後者は、むしろ文脈や場所に応じて生じる民族的なものの変化を説明しようと努める。これ以外の分類の基準も考えられる。たとえば、個人主義理論と集合主義的・構造的理論の区別や、微視社会学理論と巨視社会学との対置といったものがそれである。

だが、いずれにせよ、エスニシティの説明のために展開される種々の努力を整理し、示す一つの方式を選ばなければならないので、この章では、エスニシティの社会理論の二つの大きなグループを区別したいと思う。すなわち、「実在論的」（substantialiste）理論と、非「実在論的」理論である。後にみるように、前者は、主としてエスニシティにおける文化的内容を研究するのに対し、後者は、民族的現象のアイデンティティに関わる次元を研究する。この第二の見方に位置するノルウェーの人類学者フレデリック・バルトの仕事は、紛れもなくエスニシティの人類学的研究のなかで一つの画期をなすものである。また、歴史的・社会学的研究においても同様である。彼の有名な『民族集団と境界』（*Ethnic Group and Boundaries*）が著わされるまで、社会諸科学は、エスニシティを一つの歴史と一つの固有文化によって特徴づけられる、それぞれ違いをもつ人間集団と考えていた。バルトはむしろ、民族的な区別がある領域で現われるにはどのようなことが必要なのかを問うべきだ、としている。彼にとっては、エスニシティの文化的中身は、集団間のエスニックな境界の設定にくらべれば二義的にすぎない。彼は、いってみれば、エスニシティへの非実在論的アプローチを唱えた最初の研究者の一人だった。その意味で、バルトは、この章のなかで特別な位置を与えられてよいと思う。

ということは、「実在論的」と非「実在論的」の区別は、先に「客観主義的」理論と「主観主義的」理論のあいだに行なった区別と大きく重なるということである。それに、どの分類基準をとっても、それぞれのエスニシティ理論の厳密な分類を可能にするようなものではない。事実、設けられた諸カテゴリーはしばしば変更されるし、同一の理論でも、異なるいくつかの側面があると、複数のカテゴリーに同時に配されることがよく起こる。そして、マルクス主義の影響の下にある理論については、これをはっきりさせるため、本章では区別して扱われることになる。それでもなお、もろもろの理論は、区別されるエスニシティ理論の二大グループのあいだのどこかに位置づけられよう。

1　実在論的な諸理論

民族現象の研究は、伝統的に、そして長いあいだ、民族的なものに関するもっぱら実在論的見方に立ってきた。この見方がとられるとき、それは、国民の内部に生きる人びとのそれぞれ異なる部分集合を特徴づけると思われる一個の顕著な文化的内容を指していたといえよう。事実、エスニシティの伝統的研究は、次のような二つの前提の下に構成されていた。第一に、民族集団は比較的固定的な、特有の文化的内容によって特徴づけられる人間的実体と見なされるということ。第二に、研究の優先的な対象は、社会におけるこれらの集団の延命と存続、さもなければその消滅か解体でなければならないということ。まずアメリカで発展をみたエスニシティの考察は、歴史的にいえば、文化的な再生産と変動の考察だった。この視点に立つ孤立主義的な一つのアプローチが誕生を見るが、それは、各民族集団の文化的特殊性を研究するものであった。すなわち、その観察可能な文化的実践、物質文化、その真正性、そして各民族集団の文化的遺産のアメリカ社会における現われ方を扱うのである（W. Sollors, 1986）。というわけで、エスニシティの実在論的理論は、実は、文化主義が形を変えたものにほかならない。

なお、つねにアメリカは、新しい国、また、とりわけ移民国と見なされていた。奴隷制と民族大虐殺〔先住民（いわゆるアメリカ・インディアン）の追放・殺戮〕はどうかといえば、アメリカ国民の空想世界によって大幅に忘却に追いやられ、これが最近まで続いた。ほとんどのヨーロッパ社会では、移民現象によって近年攪乱されているものの、国民とは古来の歴史的道のりの到達点だと認知されているが、これと逆に、アメリカ国民の歴史は、この国を目指して起こる人の移動の叙事詩と同一視されている。こうした状況だから、民族をめぐる思考は、アメリカ国民の形成とその変転についての考察を反映したものとなり、その結果、エスニシティ研究は、新天地と見なされる一国に向けて次々と押し寄せる、移住の大きな波のうねりから生じる社会現象を記述することをつねに目的とした。それだけにとどまらない。研究は同時に、アメリカという新しい国民の構成において成功の見込みのある目論見を定式化し、呈示し、擁護することをも目指したのだ。

したがって、アメリカにおける民族をめぐる論争のなかでアカデミックで科学的な諸問題と、他方のイデオロギー的・政治的な諸問題を区分けすることは、まったくもって容易なことではない（P. Kivisto,

1989)。なお、他の国でも、民族的な問題が注意をひくようになると、似たような問題が生じたことを付言したい。この絶えざる混乱は、アメリカ社会の民族的現実を記述するのに使われる、じつに多様なもろもろの表現や比喩が示す理論的明晰さの欠如をとくに現わしている。例を挙げれば、アメリカ社会は「坩堝《るつぼ》」、「錬金壺」、「民族のモザイク」、「民族の綴織《つづれおり》」、「交響楽団」、果ては「サラダボウル」などとして、イメージされてきた。

右のようなさまざまな表現はすべて、一九八〇年代半ばまでアメリカにおける民族の考察を支配していた、同化主義と文化多元主義という二つのパラダイムに何らかのかたちで結びついている。つまり、民族的なものの研究の進展は、二つのイデオロギー陣営でもある、二つの学派のあいだの論争の展開に歩調を合わせていたのだ。そればかりか、この論争は、アメリカのあらゆる社会科学と知識人世界にも浸透していた。

ただし、同化主義の陣営にとっても文化多元主義の陣営にとっても、理論を単称で語ることはひどく還元主義的に感じられることだろう。本書の中では、二つの各々に分類される理論すべてを紹介するわけにはいかないから、ここでは、エスニシティについての同化主義と多元主義の思考の本質をなすものを紹介するだけとしよう。

A　同化主義パラダイムにおけるエスニシティ——同化主義パラダイムは、アメリカの民族、国民に関する数多くの理論と、数多くのイデオロギー的アプローチを含んでいる。しかし、これら知的構成物は、こと産業社会における民族の位置およびアメリカ国民の生成に関するかぎり、その見地を共通にしている。同化主義の考えでは、時期、出身を異にする移住の波動に基づく民族集団間の文化的相違は、移住者たちの出身社会に特有の古態性と見なされる。文化的相違は後続世代へと伝えられはするが、次第に薄められてゆくものであって、ついには現代社会では消滅する。それゆえ、アメリカで、民族と国民についての論争を長く支配してきた同化主義の見地は、多くの著者が考えているとされることとは逆に、アメリカの状況を、一連の諸民族集団の併存とはまったく考えていない。出身国の区々たる文化を徐々に放棄してアメリカ社会に溶け込んでいく諸個人、移民の総体と見ているのだ。それゆえ、同化主義は、明らかに普遍主義および個人主義の価値に基づいている。

以上の一般的枠組みのなかで見ると、同化主義の考察においては、二つの主要なイデオロギーが、社会の二つの見取図に対応している。第一は、移民の民族的特性の消滅を予想し、それをロマンティックなアメリカ国民の観念と結びつけるものであり、その国民は、あらゆる文化的相違を呑み込み、均《なら》し、新しい人間を創造するはずの巨大な大鍋（一個の坩堝《るつぼ》）のように見なされている。つまり、ニューヨークに定住したフランス人移民のエク・ジョン・ド・クレーヴクール〔一七三五〜一八一三年。作家、政治家。

二十代でアメリカに移住した」が一七八二年に述べたように、生物学的特性においても文化的特性においてもきわめて多種多様である諸個人の混合から、アメリカ人という新しい種が出現するはずだ、ということである。だが、まず注意したいのは、当時、黒人奴隷は、このアメリカの大鍋のなかに身を投じるようにとは招かれなかったことである（V. Parrillo, 1994）。第二に、同化主義が選びとるアプローチは、新来者を、支配的なアングロ・サクソンのモデルにならい、同調させることにある。実際、アングロ・サクソン系でプロテスタントの移民の子孫たちは、長らく経済的・政治的・文化的な権力の手綱を握ってきた。また、長らくアメリカ国民はいかにあるべきかという定義を独占し、他の移民たちに、アメリカ社会におけるアングロ・サクソン的な考えに同化するよう求めてきた。とすれば、ここで坩堝について語るのは的はずれであり、あらゆる移民をアングロ・サクソン＝プロテスタント（WASP）に変質させることを目指した錬金壺について語るほうが、むしろ適切である。ただ、繰り返して言えば、こうした目論見も、アフリカ出身の奴隷たちをまったく埒外に置いていた。

社会学理論のレヴェルで言うと、同化主義の起源は、一九二〇年代からのシカゴ学派の仕事のうちに見出される(1)。一九二一年の著作のなかで、ロバート・エズラ・パークとアーネスト・バージェスは、同化という用語に、一つの定義を与えている。ただし、パークがその「人種関係サイクル」という理論を提示したのは一九五〇年のことで、彼は、現代社会の変容の力が、言語、「人種」、宗教あるいは文化といった基準を無効にしていくだろうということを信じて疑わなかった（C. Hirschman, 1983）。

（1）シカゴ学派の人種・民族関係の研究にとってのその意義については、本叢書のピエール・クーロンの著作が参考となろう（『シカゴ学派』、PUF社、クセジュ叢書二六三番、一九九二年）。

社会の民主的政治制度と産業組織は、本人の民族的出自ではなく、もっぱらその能力を基礎とする個人の補充を必要とした。ゆえに、パークによれば、民族的次元は、産業社会のなかではおよそ適切な位置を失っていくのだった。彼は、人種関係サイクルを、マイノリティ集団の同化をみちびくはずの四つの継起的段階に分けている。民族集団相互間の接触（第一段階）は、彼らのあいだに生まれる競争からくる分裂と敵対の拡大（第二段階）を促す。しかしそれらは、いわゆる適応という第三段階を経るうちに次第にぼやけていき、同化の段階では完全に消滅する。以上のパークの視点では、このように同化は不可避の、不可逆の、一方向的な一つの過程を現わしている。これらの著作に続き、スウェーデン出身の経済学者グンナー・ミュルダールは後に、諸個人が平等であるというアメリカ的な理想と、人種的マイノリティに対する公然たる人種差別行動とのあいだにある矛盾が白人社会に突きつけているジレンマを明らかにした。それでいて、ミュルダールは、この同化は、民主的な政治過程によって歓迎されるであろう産業社会の一経済的要求である以上、不可避的性格のものであるとも認める（M. Martiniello, 1992）。ミルトン・ゴードンは、一九六四年刊の『アメリカ人の生活における同化』のなかで、同化の七つのタイプを明らかにしている。「文化的同化」（または文化変容）は、受け入れ社会のモデルへの、新来者の文化的適応を指す。「構造的同化」は、受け入れ社会の制度と社会的ネットワークの中への参入に関係する。「婚姻同化」は、マイノリティ集団の成員とマジョリティ集団の成員とのあいだの多数の通婚の局面を指す。また、新来者がかつての社会への所属感を棄てて新しい社会の成員と感じるようになっているとき、それは「同一化的な同化」と言える。最後の三つのタイプの同化は、新来者への偏見の解消、差別的行動の解消、そしてマイノリティ集団とマジョリティ集団のあいだの価値・力の対立の解消に、それぞれ関係するものである。ゴードンによれば、文化的同化の結果として、または同時的に構造的同化が生じるとき、その他のタイプの同化も自ずとこれに続いて起こるという。

時期により変遷はあるが、同化主義パラダイムは、数多くの批判の対象とされた。第一の批判は、この理論の検証困難性に向けられている。第二の批判は、アメリカ国民へのロマンティックな見方を物語るその理論構成の単純さに関するものである。第三の批判としては、その理論構成が部分的であることが挙げられている。事実、同化主義諸理論が、当初から黒人の人口を排除してきたことは強く指摘されてきた。なお、同化とは遅速はあっても一方向的・不可逆的過程である、とする命題は、マーカス・リー・ハンセン（Marcus lee. Hansen）の「第三世代ナショナリズム」の仮説によって不適切とされた（Parrillo, 1994 を参照）。彼によれば、移民の第二世代が支配的社会に文化的に適応しようとすると見るのは正しいとしても、第三世代については、出自文化への回帰も指摘される。

以上のような批判にもかかわらず、同化主義パラダイムは、一九六〇年代終わりまで圧倒的に支配的だった。ところが、この六〇年代の末、文化多元主義のなかから、伝統的多元主義の革新を欲するイデオロギー的・理論的異議申し立てが登場する。この伝統的多元主義について、手短かに触れておきたい。

B　文化多元主義の伝統的パラダイムにおけるエスニシティ——アメリカの民族と国民の考察においては最近のある時期まで同化主義が支配的立場だったからといって、少数派だが、しかし重要な多元主義の立場が古くからあることを見逃してはならない。

一般的見解としては、哲学者ホレース・カレン（Horace. Kallen）が、文化多元主義の、最初の重要な擁護者である。一九一五年の著書『民主主義対坩堝《るつぼ》』において彼は、アメリカ社会の、実際に目に見える進行具合に対応していないと見る同化主義的パラダイムを、ひとまとめにして退けている。カレンによれば、それぞれの民族集団は、自言語、自文化、自分たちの制度をもち続ける傾向をもっているし、さらに、民主主義の本質そのものが、彼らにそうする権利を認めるのである。このように、同化主義者とは反対に、民族の区別が存続すること、これをアメリカ社会の基本的特性の一つであると見なしていたのだ（M. Martiniello, 1992）。彼によれば、アメリカ国民は、次々と相継いで移住してくるマイノリティ集団の諸層が調和的に併存することからつくられるのであって、多様な民族の融け合いなどからではない。なるほど、移民たちは英語も学び、アメリカ的生活の諸制度に参加するが、だからといって、自分たちの特有性を保持しつづけるのをやめはしない。したがって、アメリカの実験は、いわば異なるさまざまな文化の担い手である諸民族集団のあいだの協動のそれにほかならない、と。要するに、伝統的多元主義の見方は、もろもろの民族集団は彼らの文化を保持しながら、同時に社会生活全体に参加することができる、と主張するのである。

この伝統的文化多元主義パラダイムは、同化主義のパラダイムとまともに競い合えるような社会理論を提起できなかった。一新された一個の文化的多元主義が社会学的・政治学的論争のなかに登場するには、一九六〇年代末を待たねばならなかった。後に検討を加えるこの潮流は、大いに異なるエスニシティの概念を用いるが、そこでは、相違や文化的内容という観念は、はるかに小さな位置しか与えられていない。

その登場は、科学的レヴェルで言うなら、ノルウェーの人類学者フレデリック・バルトの決定的な寄与なしにはおそらく不可能だったであろう。バルトは一九六〇年代に、アイデンティティと民族境界という用語によって、エスニシティへの新たなアプローチに礎石を据え、同化主義的であれ、多元主義的であれ、実在論的な諸理論とは袂を分かつ。

3　フレデリック・バルトの民族境界の理論

英語表現の人類学の世界では、フレデリック・バルトの著作は一般に、エスニシティ研究における大きな切断点と見られている。実際、彼が中心となって一九六九年に刊行した共著『民族集団と境界』の序論[1]は、まず人類学のなかで、次いで他の社会諸科学のなかで、エスニシティ研究の分野に革命をもたらすことになる。事実、バルトの考察はとくにエスニシティ研究に携わるアメリカの社会学者に著しい影響を与えた。それほどではないが、政治学者に対しても同様である。バルトは多作な著者であるから、本書のなかでその巨大な知的生産物を紹介するのはむろん不可能である。この段落の目的はもっと控えめなもので、彼のアプローチの何が、エスニシティ研究への根本的・革新的な寄与であると見なされるのかを示すにとどめる。

（1）われわれの知るかぎり、こんにち、フランス語に翻訳され刊行されているバルトの唯一のテクストとしては、最近のジョスリヌ・ストレフ＝フェナルとフィリップ・プティニャの著作（一九九五年）に収められたものがある〔同書のなかには、『民族集団と境界』のバルトの序論「文化相違の社会的組織化」が収められている――訳注〕。

バルトの著作は、かつて支配的だったエスニシティの原初主義的・実在論的理論に対する、まさしく体系的で首尾一貫した、確信に満ちた拒否と見ることができる。

このノルウェー人の著者は、民族文化の内容の研究にもっぱら関心を向けていた人類学を、そこから引き離し、エスニシティの、より生態学的で構造的な分析に重きを置くようにみちびくことになる。そうすることで、バルトは、エスニシティの人類学の研究プランの根本的な方向変更を促す始祖となっている。

『民族集団と境界』への序論で展開された彼のアプローチは主に七つの点に確定され、まとめられており、それらは、本人の見解では、時間の試練にも耐えるものである（F. Barth, in H. Vermeulen & C. Govers, 1995）。まず、次のことが興味深い。バルトは、英国社会人類学に由来するコーポラティヴ集団の理論の影響を大きく受ける一方で、アメリカの相互行為主義者アーヴィン・ゴフマンの社会学的著作からも影響を受けている。第二に、方法論的手続きについては、バルトの経験的研究は民族的アイデンティティを変更する個人というものに焦点を当てているが、それは民族集団の再生産をみちびくもろもろの過程を理解するためである。第三に、バルトは、アイデンティティと民族集団は社会的組織化の問題であって、文化の内容の問題ではないという見方を展開している。彼によれば、民族集団とはさながら、それが搬送する文化的内容が社会文化的システム次第で変わってしまう容器なのだ（F. Barth, 1969）。文化とは、所与のものでもなければ、固定的なものでもなく、絶えず変化している。そればかりではない。文化は、それを引き合いに出す諸個人にそれぞれ異なったかたちで作用する。とすれば、文化は、民族集団を定義づける一要素としてではなく、むしろ、民族集団間における境界の樹立と、再生産からの一つの帰結、結果として考察されねばならない。したがって、エスニシティの研究は、民族的境界についいて、その樹立、維持、消滅の過程、および民族集団の成員の補充を、主な対象としなければならない。バルトが語る境界とは、物理的なものではなく、むしろ社会的・象徴的なものである。だから、彼の比喩を借りれば、互いに異なるそれぞれの容器が何を運ぶかではなく、それら容器がどのように形成されるかを分析しなければならないのだ。第四に、バルトのアプローチは、もろもろの民族的アイデンティティが、それらを生み出す社会的状況と結びついていることを余すところなく示している。つまり、何ら原初的な実在ではないのである。さらに第五に、一民族集団への所属はアイデンティティの問題であるから、民族的な帰属化および自己帰属化の過程に基づいている。民族集団が個人をその成員の一人として認め、その個人が当の民族集団への所属感をもっているとき、彼／彼女のエスニシティは、社会組織という形での集団の一特性によって表現されることになる。第六に、諸個人は、一連の象徴的な標識を操りながら、彼らの民族集団と他の民族集団のあいだの境界を跡づける。それらの標識が唯一有意味な文化的相違をなしているとき、研究者は、その意味解読に鋭意取り組まなければならない。そして、エスニシティ研究は、民族リーダーたちが当該集団のなかで演じる役割に光を当てることも忘れてはならない。集団が、しばしば人びとの意志や文化とは無関係な、固有の政治的目的を追うことがありうるからである。

他方、バルトのエスニシティ理論は、その基本的な貢献にもかかわらず、さまざまな批判の対象となりうる。そうした批判は、ある形で当の理論の科学的位置を証明してくれるわけで、バルトの人類学は、社会的相互行為、もっと特定して言えば、個人的行為者をそこに含む民族的・個人間的諸過程に焦点を合わせたものということである。このやり方をとることで、エスニシティの知識の重要な前進が得られたが、しかしまた種々の問題を引き起こし、種々の欠落をもたらすことになる。その視点がしばしばぶつかる問題の第一は、歴史的深さの欠如である。バルトにせよ、その著作の影響の下にある他の人類学者たちにせよ、民族間の区別がどのようにある一時代に現われるのか、また、均質な集団がどのようにして分離するにいたるのかを満足に示している者はいない。バルトの人類学的アプローチの第二の問題点は、個人間関係と個人的行為者に関心を集中するあまり、社会的行為者の個人的選択、とくに民族的アイデンティティに関する選択に制限を加える構造的拘束およびその他、たとえば国家の役割が、しばしば考慮の外に置かれてしまうところにある。そして第三の問題は、エスニシティという主題について、個人間、集団間の駆け引きの意味にこだわりすぎる著者の態度に由来する。このため、政治的または経済的な権力の差を、覆い隠してしまう恐れがあろう。この権力の差はしばしば接触する民族集団間、またはそれらの若干と国家のあいだに現われ、これら異なる集合的行為者のあいだの駆け引きなるものを厳密な意味で語ることを困難にしている。

バルトは最近の論文（F. Barth, in H. Vermeulen & C. Govers, 1994）のなかで、二五年前の『民族集団と境界』で示した立場を今日的に捉えなおし、いくつかの問題点を解こうと努めていて、とくに自分の仕事のなかで国家の役割を不当にも無視したことを認めた。また、エスニシティを、本書の第二章で触れた三つのレヴェルで研究し、『民族集団と境界』が位置していた個人的相互行為のレヴェルを超えることの必要を強調している。それだけではなく、バルトは、さまざまな社会的文脈のなかにおいて個人の経験を研究することの意義をも再確認している。彼によれば、行為者の体験世界のこの種の分析によって、はじめて民族アイデンティティの変容を説明し、エスニシティの被構成的な性格を示すことが可能になる。そして、強調してやまないのは、自分の「脱構築的」アプローチは、いわば、その名がまだ使われない一九六〇年代に、一ポストモダン思想家を生み出していた、ということである。

エスニシティへの重要な第一の非実在論的アプローチを紹介したいま、その他の理論へのアプローチが可能になったが、その多くは、何らかのかたちでバルトの著作を参照対象としている。

1 他の非実在論的理論

エスニシティに関するその他の非実在論的理論については、次のものを区別しておくとよい。「新しいエスニシティ」の手段主義的理論、合理的選択理論、民族的競争の構築主義的理論、および現象の象徴的次元と現代アメリカ社会における民族景観の変容を強調する新しいアメリカ理論。

A　装い新たな文化多元主義：「新しいエスニシティ」の手段主義的理論――一九六〇年代と七〇年代を通じて、アメリカと全世界は一連の社会的・政治的現象に揺さぶられたが、それらの現象は、一方で、同化主義的な思考の限界、さらにはその失敗を浮き彫りにし、他方で、伝統的な多元主義的思考をも同じく困難におとしいれた。

アメリカでは一九六〇年代初めから、人種的性格の強い暴動が大都市の黒人集住街で起こっていた。それと時を同じくして、公民権運動が全国的な広がりを示し、当時までアメリカの政治生活から排除されていた黒人たちの市民権への渇望を表現したのだった。ヨーロッパ系移民の子孫たちさえ、黒人にならい、いわゆる民族的特有性を議論の引き合いに出しはじめた。ヨーロッパのいくつもの国で、七〇年代の初め、地域主義的・地方主義的運動が再生を見ている。たとえば、フランス。とりわけ同化主義的社会の原型をなすこの国で、ブルターニュ、オクシタニー、その他の運動が盛行を見て、特殊的なものへの配慮や、文化の承認を要求した。そして、第三世界の多くの国が脱植民地化と民族解放の過程に入り、しばしばナショナリズムイデオロギーに拠ることとなる。

アメリカの場合で言えば、一九六〇年代の出来事から明らかになったのは、同化主義者の主張に反して、民族的・人種的相違は消滅するとはほど遠い状態にあったことである。同化を測る四つのキー指標から分析すると、この過程の進行はきわめて濃淡に富んでいることがわかる（C. Hirschman, 1983）。まず第一に、社会経済的不平等は、紛れもなく存在した。黒人とヒスパニックは、ワスプ（WASP）とくらべ、さらにまた他のヨーロッパ系移民にくらべても、不利な経済的位置を占めている。次に、居住と学校における分離についてはどうか。分離は、ヨーロッパ系の子孫とワスプにおいては消滅していたのに反し、黒人、白人のあいだには、全国にわたって相変わらず存続していた。民族間の婚姻はといえば、白人間の婚姻は多くなる一方だったのに対し、白人、黒人間のそれは例外にとどまっていた。そして、黒人に対するもろもろの人種偏見は生きつづけていた。要するに、ヨーロッパ系移民の子孫たちはきわめて高度な同化を達成したものの、黒人たちは、広い範囲で社会的、経済的、政治的、文化的な排除を被りつづけていたのである。

以来、多元主義的な思考が進展しはじめるのであるが、これはとくに、ネーザン・グレーザーとダニエル・パトリック・モイニハンの示唆を受けてのものであった。この思考は、世界中のあらゆる種類の民族・人種マイノリティの表明する相違、真正性、独立、自治、自己決定、自己充足などへの、あらゆる要求の意味するものを説明しようとするものだった。

多元主義的思考のこの展開は、客観的に生じている文化的同化に反するようにも見える、民族的アイデンティティの消しがたい性格をとくに重視する、原初主義的タイプの伝統的多元主義アプローチへの回帰を示している。この観点はとくに、一九七一年のミカエル・ノヴァーク（Michael Novak）の『溶融しない民族の台頭』（*The Rise of Unmeltable Ethnics*）によって唱えられた。

他方、社会科学にとってより重要なことには、この多元主義パラダイムは、民族的なものの性質自体についての深い問いかけを通して登場している。突然に湧出したかに見える民族的なものは、実は、伝統的で原初的な絆とは、はっきり異なっているように見える。そして、新たな政治的行為者の登場を促す新しいアイデンティティ現象に目を向けなければならない。たとえばダニエル・ベル（N. Glazer & D. P. Moynihan, 1975）は言う。この「新しいエスニシティ」は、別の状況に置かれれば、たとえば社会階級や宗教のような別のつながりを権力獲得のために選んだかもしれないような諸個人による、戦略的な一アイデンティティ選択として理解されるべきである。重要なのは、政治的観念、動員原理であって、人間の自然の属性などではまったくない。グレーザーとモイニハンは、新しい現実を論じるためには、それを語る新しい言葉を用いる必要があると力説し、ほかでもない、それ以前にはほとんど使われなかったエスニシティという言葉に拠ることとした。

そこで、「新しいエスニシティ」は、歴史の一残余物としてではなく、現代社会における社会的・政治的動員の要請にとくに適合した、戦略的な一オプションとして考察される。仮に、個人が、自分のルーツや来歴についての感傷的な探求に身をゆだねるとしても、また、個人が特殊な民族的アイデンティティを明かすときでも、それは、無動機、無根拠ではない。実際、この「新しいエスニシティ」の台頭は、国家の機能の拡大と結びついている。すなわち、国家によって新たな権限の枠内で配分される資源から利益を得るため、みずからを民族的基準に従って組織するという必要と関連しているのだ。

「新しいエスニシティ」への、この手段主義的・選択主義的アプローチは、民族アイデンティティと文化的内容とを切り離すものであるから、アメリカで、ヨーロッパ系移民の子孫にならって、文化的、経済的、社会的に同化している諸集団が、なぜ民族的主張を伴う運動を展開するのかを説明できる。とはいえ、「新しいエスニシティ」の選択的な性格は、どれほど文化的に同化していても、なお明白で社会経済的な差別と排除を被っている黒人およびヒスパニックという人種マイノリティにはあてはまらないと思われる。彼らにとっては、民族的アイデンティティは、選択の問題というよりも、社会からの押しつけの問題なのだ。戦略という面でも、彼らの機会は、その人種的所属によって大幅に制限を受けている。

言い換えるなら、ヨーロッパ系移民の末裔に関するかぎり、過去五〇年ほどのあいだに民族の性格が根本的に変わったのは明らかだと思われる。つまり、それはもはや社会経済的階層化と制度的隔離との交錯をさほど示すものではなく、むしろ、象徴的・選択的アイデンティティをなしている。ところが、先の人種的マイノリティの民族的位置はこれと同様の変化をとげていない。どんなアイデンティティ選択をするにせよ、彼らの社会経済的位置はつねに大幅にその民族的所属によって決定づけられているからである。

文化多元主義の擁護者たちは、これらの新しい形態のエスニシティがアメリカ社会の中ではたして同化にむけての一段階にあるのか、それとも逆に、より確固とした民族的分化の基礎を形づくっているのか、を正面から問うことはしなかった。

だからこそ、このアプローチは少なくともメリットをもっている、民族というものが、原初的で消去不可能な実在とは違い、状況次第で、またある程度個人の選択次第で変わっていくことがありうることに注目するという点である。民族的な同一化と動員のダイナミクスにおける個人的な選択のもつ重要性。それはまさしく、以下に検討するさまざまな理論の中核に位置している。

B　合理的選択の理論――過去三〇年ほどのあいだに、経済学的・功利主義的思考の帝国主義のある

種の形態が、徐々に社会諸科学の上に支配力を及ぼすようになった。たとえば、経済学から借用されたコスト＝利益という問題設定を多少とも精緻化した形態が、社会学と政治学のなかに入り込んでいる。

合理的選択の理論は、明らかにその一つである。これは、もともと微視経済学的な考察と分析に由来するものだが、西欧社会の中で個人主義が価値として地歩を得るにつれて、次第に、他の社会諸科学に浸透していった。実際、それが拠る公準は、すべての人間行動を解く鍵を提供するとされる比較的単純な二つのものからなる。第一は、個人は、つねに自分の行動から生まれる純利益を極大化するように振舞う、というものである。つまり、個人は、自分の未来の行動について予期されるコストと利益を秤にかけ、バランスが著しくプラスとなる場合に限って、行動することに決めるのだ。第二の前提はこうである。ある所与の時点で一個人によって起こされる行動は、最終的な行動を起こすために本人がその選択をするもろもろの可能性に影響を及ぼし、また、これに制約を加える。さらにこの理論は、われわれは利用可能な資源の希少性からなる世界に生きているから、個人を特徴づける欲望や目標がすべて充足されることはありえない、と想定する。

以上の二つの公準を基礎として展開された合理的選択の諸理論は、過去三〇年のあいだに、激しい理論的論争を呼び起こした。しかし、社会科学全体と軌を一にし、エスニシティと民族関係の研究も、この種の理論の刻印を受けた。そして、この理論のエスニシティ研究への導入は、イギリスの社会学者マイケル・バントン（Michael Banton）に、大いに負っている。

マイケル・バントンはその著作で、理論上個人的行為者がエスニック集団に優位すると主張している。

エスニック集団が実在するかどうかについては何の想定もされず、理論図式は、個人的行為と行為者が中心であることを承認ずみとしてつくられている。個人的行為者は一般に、アイデンティティ要求によって表に示される所属と、社会生活の欲求とによって特徴づけられる。個人の生きる希少性という状況にもかかわらず、彼には、アイデンティティの可能性が、いくつにもわたって提供されている。とくに、一社会階級、一つの性、一国民、一民族集団などへの同一化が可能である。

民族的アイデンティティも、他のタイプの考えられうるアイデンティティと同じく、個人によってなされる合理的選択の問題である。可能なもろもろのアイデンティティの選択範囲のなかの一つであって、個人は、そのなかから時宜にかなった合理的な一選択を行なうのだ。というわけで、個人は、ある一定の時点で、一個の民族的アイデンティティといくつかの社会的役割を選ぶことがあるが、これらは、当の決定から予期される利益を理由とする選択と結びついている。ところが、別の時点では、計算の結果、比較してより大きな利益を引き出せると思えれば、むしろ一階級アイデンティティを選択することもありうる。

バントンによれば、エスニシティの研究は、微視社会的、中間社会的、巨視社会的のどのレヴェルにで行なわれるにせよ、民族アイデンティティについて個人が行なうもろもろの合理的選択の展開を検討することに尽きるのである。民族アイデンティティは、個人が相次いで行なう計算の結果しだいで、突出することもあれば、消滅することもある。複数の行為者が同一の民族アイデンティティに向けての選択を行なえば、一個の民族集団が形づくられるだろう。つまり、民族集団とは、経済的なタイプの計算に基づく、諸個人的アイデンティティ選択の並存からの結果物だということである。したがって、社会的レヴェルにおけるエスニシティの重要性も、民族諸集団の形成、維持、解体も、ともに、合理的選択によって説明される。バントン理論は、このように、みずからをエスニシティの三つのレヴェルに位置づけようという狙いをもっているわけで、そのうちの二つのレヴェル（中間および巨視）は、この英国社会学者によれば、第一のレヴェル（微視）に従属することになる。

バントンによって民族関係の分野に適用された合理的選択の理論は、次の三つの特徴に要約することができる。第一に、諸個人は、身体的・文化的相違を、集団および社会的カテゴリーを創出するために用いることができる。そうすることで、彼らは包摂と排除の過程を機能させる。第二に、文化的相違を利用する民族的な過程は、むしろ包摂的なメカニズムの結果であるが、それに対し、身体的相違を利用する人種的カテゴリーは、排除のメカニズムからの結果である。第三に、集団が相互行為を展開しているとき、集団間の境界は、それらのあいだに生まれる競争の形式と強度によって部分的に規定された変化をこうむる。より具体的に言うと、個人が競争しあっているときには、集団を定めていた境界は解消しがちであるが、反対に、集団が互いに競争しあっているときには、それらのあいだの境界は強められる。こうした知見は、民族的アイデンティティに基礎を置く集団ばかりでなく、他のタイプの社会集団にもあてはまる。バントンは言う。民族集団の創出、維持、再生産は、他のもろもろの集団と同様のやり方で、すなわち、人間行為を基礎づける個人の合理的計算と関連づけて説明されなければならない、と。

総じて、バントンのエスニシティ理論は、合理的選択の理論全体への批判と同じような、もろもろの批判を呼び起こしている。そのうちの二つに限って取り上げよう。第一は、民族的アイデンティティの合理的選択の限界に関するものであり、事実、一個の民族的アイデンティティを選択するか否かについて、あらゆる個人が、同じ自由をもっているわけではない。たとえば、アメリカ社会では、一黒人がどんなアイデンティティを選択しようと、彼は、社会的には四六時中、一黒人として認知されているだろう。また、異なる民族的アイデンティティ間の選択にしても、多かれ少なかれ限られており、あまりにも限定づけられていて、ついには選択なるものが消滅していることも少なくない。たとえば、アメリカの黒人は、その社会的地位が肌の色によって規定されている以上、民族的アイデンティティを放棄するという選択はもたない。のみならず、複数の民族的アイデンティティ間の選択もほとんど不可能で、経済的・政治的弱者であることから、マジョリティ社会が彼に付与するアイデンティティをしばしば自分のアイデンティティとせざるをえない。

合理的選択の理論の第二の弱みは、一般的に、そしてとくにエスニシティの分野で、集合行動を充分に説明できないという点に関係する。この問題は次のように定式化できる。潜在的な一民族性によって特徴づけられている個人が、合理的であるとしよう。すなわち、個人的利益を極大化するために、コスト＝利益の計算に基づいて行動する。さらに言えば、彼は、欲望、そして効用の観念をもち、達成しようと努める目的をもっている。資源をめぐる希少性のため、あらゆる目的が同じように達せられるわけではないから、たしかに構造的拘束を考慮に入れながらではあるが、考えられる全行動のうちから、自らの効用を極大化してくれるであろう行動を選択するとしよう。そして個人が獲得を欲する財のうち、あるものが当該民族集団に属するすべての個人に使用可能であるとき、これを民族的公共財と呼ぶことにしよう。これがいったん生産されると、その生産に携わったか否かにかかわらず、民族集団のすべての成員がそれを消費できる。いったいこれらの条件下で、なぜ、当該個人は、この集合的民族財の生産に携わるだろうか。なぜ、彼は、最小コストで成果を収めることができるのに、わざわざ集合行動に参加する労をとるだろうか。同じような思考をもしも全個人がとれば、問題の民族財は生産されず、当該民族集団の全成員がそのことで困るのは明白である。

言い換えると、こういうことである。自分の個人的利益の極大化のため行動すると見なされる個人が、理づめで考えればその義務もないのに、みずからの民族特性を動員したり、民族集団内で集合財の追求に取り組むための民族的選択を行なうとしたら、これをいったいどう説明するのか。これこそ有名な、「フリー・ライダー」問題にほかならない。

マイケル・ヘクター（Michael Hecter）とその協力者は「民族的集合行動の一理論」（一九八二年）と題する論文で、この問いに答えるいくつかの要素を提示しているが、いま一つ説得的とは言えない。

結論的に言うと、方法論的個人主義と合理的選択にもっぱら拠る理論は、エスニシティもまた個人的選択の一問題だということを明らかにするという利点を示している。とはいえ、問題解決よりも問題をより多く生じさせているように思われる。まさに、それらの問題のいくつかを解決するため、以下で論じるような諸理論が展開されたのである。

C　民族的競合に関する構築主義理論――エスニシティに関するアメリカの文献では、民族および民族集団への国家の働きかけの効果が、しばしば等閑視されてきた。アメリカ国家の役割は、単に、政治生活において紛争の拡大を避けるため、民族集団の動員(1)に対抗すること、またはこれを統制することにあると考えられてきたのだ。

（1）民族的動員という観念については第二章の三節で定義している。

この人口に膾炙した見方に対し、シンシア・エンロー（Cynthia Enloe）は、アメリカ国家は、その建設と強化の過程を通じて、しばしば民族的なタイプの動員を生んできたことを示している（一九八一年）。国家は、たびたび民族的アイデンティティを強め、民族的動員における決定的な一要因にもなった。その意図は、逆に、民族的同化を促進し、民族的動員を解除することを目指していたにもかかわらず、である。エンローの図式では、民族的な主張やその変化は、個人的行為者の単なる合理的選択の問題ではない。それは、民族集団の成員がそのアイデンティティについて展開する認識、彼らがコミュニティの組織化と集合的動員のために用いることのできるもろもろの資源、そして、たとえば選挙のような政治過程における民族集団間の相互協力、などに国家の及ぼすインパクトによっても左右される。アメリカ国家は、ヨーロッパの諸国家に似て、エスニシティの創出、再生産、動員における主要なアクターと見なされるべきである。それらのことは国家が、場合によっては民族集団に与える承認や、民族集団の制度化のために作動させる過程を通して行なわれているのだ。

　現代社会では、国家は、民族帰属の過程に著しく関わる一勢力であり、それだけに、現代的民族動員は、高度に政治的性格をおびる。これは、ジョアンヌ・ネーゲルのいくつかの労作の対象となったものである（J. Nagel in S. Olzak & J. Nagel (Eds.), 1986）。ネーゲルの仕事は、次のことを示している。政治のなかで民族的なものが承認され、制度化されると、あらゆる民族集団のあいだで、民族的動員のレヴェルが高まり、政治参加と権力への接近を左右する規則を固定することによって、民族的な動員と紛争が生じる境界が明確になる。そして、エスニシティの政治的構築のメカニズムは、二つの主要カテゴリーに整理することができる。一つは支持と政治権力の構造、他はもろもろの公共政策の内容である。

その第一のカテゴリーについて、ネーゲルは、一国内において、参加、支持、および政治権力の構造が、民族的な区分線に従って組織されていると、民族的な動員が起こりやすい、と述べる。とりわけ、民族的参加の地域分権化や制度化が進んでいると、それによって民族的な政治的動員が促進される。

地域化に関しては、一般に認められている地理的・政治的・行政的境界に対応した民族区分に従って、民族的動員が生じると予想される。行政的な人口配置は、民族間の既存の相違をさらに強めることもあれば、新しい民族集団の形成の基礎となることもある。

民族的参加の制度化については、どうか。民族的動員は、参加の基礎として公的に承認されている民族的境界に従って生じるだろう。民族的に構造化された政治参加にいたる手段は、大きくは二つに分けられる。一つは、政治参加の一つの基礎として、民族を憲法により承認することであり、たとえばベルギーにおける単一言語選挙区の例が挙げられる。いま一つは、代表の方式を事実上地域化し、それを民族地域的な境界と一致させることである。たとえばスイスでは、連邦の代表制の公的単位は州（カントン）とされていて、この州は、言語的に見れば同質的である。

以上、二つの場合においては、民族集団は政治的利益集団に成り変わっており、したがって民族間競争が強められる。まず、民族が公的に承認されることで、民族境界線に従って組織された政治参加が制度化され、正当化され、永続化されている。これが、とくにベルギーの例であり、かつては全国政党だったすべての政党が、イデオロギーはたしかに同じでも、フラマン語系〔オランダ語系〕か、またはフランス語系という言語的性格をおびた政党に、分かれたのである。第二に、政治的代表の基礎として、民族をこのように公的に承認した結果、それまで未組織だった集団の側からの、新たな動員の形式が促進された。だが、そうした集団が、民族的用語で規定された政治舞台から排除される恐れも生じている。ここでは、ドイツ語系ベルギー人〔主に第一次大戦後に編入された、ドイツとの国境に接する小地域に住む少数者〕の例が挙げられる。という理由で、彼らは今、自分たちの政党をつくろうとしているのである。

第二のカテゴリー、すなわち公共政策の内容については、ネーゲルは次のような仮説を述べている。民族的相違が承認され、制度化した公共政策が採用され、機能しているときには、民族的な動員も、より起こりやすい。公共政策については、民族的動員および、それに沿って動員が行なわれる民族的境界の決定に関連して、重要な意味合いをもつ次の四つのカテゴリーが区別される。

第一は言語政策のレヴェルであり、民族的動員は、公式の言語的区分線と一致する民族的境界に従って生じる。言語政策は民族的多様性を制度化するとともに、言語的分離を政治化し、永続させる。次に、領域政策のレヴェルであるが、民族的動員は、各集団に割り当てられている公式の領域と符合する民族的境界に従って生じる。そして、資源配分と公式命名〔法、行政文書、公式統計などでどのような民族名称を用いるかということ〕というレヴェルではどうか。民族的動員は、集団の特別な待遇のための、または集団による政治的資源の獲得のための、公式の命名に対応した民族的境界に従って生じる。公式命名の権力がどのように働くかは、小さなことではない。この争点が、とくに国勢調査の際に緊張をはらんだ政治論争をみちびくのも、そのためである。なお、競争上の有利さを獲得するための戦略的組織化の面で言うと、政治的に統制された資源の民族分布をキーとする配分は、民族的動員に影響を及ぼす強力な一要因である。一つないし複数の集団の民族的性格を承認し、これに報いると、今度は、そのように対象とされなかった集団の側に、前者のそれと並ぶような政治的動員を生じさせる。そうなると、結果として、社会生活、経済生活、政治生活全般の民族的な編成がもたされる可能性があろう。

ネーゲルの政治学的アプローチは、巨視社会的意味合いにまで及ぶことがあるとしても、まずは、中間社会的レヴェルに位置づけられる。その主な貢献は、民族集団にとってのいくつかの外在的要因を明らかにした点にある。とくに、民族的動員と集合的民族的アイデンティティの発展の説明において、国家の役割を解明した点がそれである。それゆえ、このアプローチは、一民族的アイデンティティの選択におけるある種の拘束の存在を強調することで、合理的選択の理論をより柔軟なものにしている。また、これにより、スイスやベルギーのようないくつかの国で現に起こっている民族的動態が理解される。けれども、その反面で、民族的な動員において国家を重視しすぎるという危険もなくはない。また、このアプローチは、個人の生活では著しく重要性をおびるかもしれない民族の象徴的次元に、あえて触れずに済ませている。この象徴的側面は、まさしく、一九八〇年代、九〇年代のアメリカの潮流のなかで発展をみた新しい諸理論が対象とするものである。

D　エスニシティの新しい諸理論――象徴的エスニシティ、民族オプション、「脱エスニシティ」と、

ここ数年来、アメリカでは、国民の将来と民族的なものの役割についての論争が、再び激しさを増している。一方で、数十年来厳しい批判を浴びてきた同化主義の信奉者たちが、自らを鼓舞することにあい努め、一連の共通の基本価値を分けもった自由な諸個人からなるアメリカ国民をつくる、という構想を主張しようとしている。他方では、多元主義の陣営からは、ここにきて、アメリカ社会における文化的多様性の承認に関する要求が現われてきた。同化主義的な構想は、ヨーロッパ中心的、さらにはアングロ中心的であるとして、黒人やヒスパニックのマイノリティからいよいよ拒否されるようになっている。それがあって、アメリカの有力大学は近年、大学課程に多文化主義を導入するか否かをめぐる激しい論争の舞台となった。マイノリティのリーダーたちは、自分たちの文化の研究が学校カリキュラムのなかに欠けていることに不満を表明している。多文化主義の最も徹底した擁護者たちは、各民族、人種集団

ごとに、はっきりと区別され、自分たちの文化的特殊性を考慮するような課程を要求するまでになっている。したがって、アメリカ国民へのその暗黙の見方は、冒すべからざるいわゆるアメリカ的共通文化には還元できない、特殊的な文化とアイデンティティによって区別され、特徴づけられるもろもろの民族集団が並存している、というものになっている。ここでのアメリカ的共通文化とは、実は、白人アングロ・サクソン支配の表現にほかならない、というわけである。

たしかに、極端な同化主義者と過激な多文化主義のあいだには、中間的ないろいろな立場が現われてはいる。だが、いずれにせよ、この論争は、同化主義と文化多元主義という二つのイデオロギー陣営間の、伝統的な論争の再定式化を示し、また、中間および上層階級の民族的性質の変化とアメリカ的な民族的光景の描き替えに光を当てることを可能にしている。

以上の文脈のなかで、現代アメリカ社会におけるもろもろの民族的主張とその変化についての多様な説明の試みが登場している。練り上げられたそれぞれの説明は、いくつかの基本的な共通特性をもっている。まず、エスニシティへの実在論的なアプローチを拒否し、むしろ、エスニシティの主観的な意味の研究、すなわち民族的アイデンティフィケーションとアイデンティティの現象についての研究に専心している。第二の共通点としては、原初主義的な視点も、純然たる手段主義的な視点も、ともに拒否するという点にある。エスニシティは、原初的で、古来の、固定的な、民衆の神話的過去に根ざした実在とも、主に政治的目的のために計算された、操作される純然たる手段的な実在とも、見なされない（K. Conzen, et al, 1990）。エスニシティは、文化的、社会的な、かつ変わりうる一構成物と見られ、当の民族集団と社会全体に影響を及ぼす、変わりゆく現実への応答として、絶えず再創造される。

これらの観念を基礎に、ヨーロッパ系移民の子孫における民族的アイデンティティの変容という主題について、重要な研究が行なわれた。実際、ヨーロッパ系移民の末裔たちはアメリカ社会のなかで成功したこと、および、遅れてではあっても、顕著な社会移動を達成したことが強調された。たとえば、アンドリュウー・グリーリー（Andrew Greeley）は、「民族的奇蹟」という表現を躊躇なく使い、この第三世代、第四世代のめざましい成功裏の社会編入を特徴づけている。けれども、同化主義の理論家たちが言うのに反して、これらヨーロッパ系移民の末裔は、その民族的アイデンティティを棄てはしなかった。むしろ逆に、一九八〇年代のアメリカでは、さらに強力な民族的所属の主張さえもが見られ、アメリカの都市の富める郊外の上層および中間階層にうかがえる民族的アイデンティフィケーションのこうした過程を指すため、「新しいエスニシティ」（new ethnicity）が、しきりと語られたのである。

一九七〇年代以降、いくつかの理論が、この新しいエスニシティの説明を試みている。ハワード・スタインとロバート・ヒルによれば（M. Waters, 1990）、しばしばその祖先が民族的に混血しているアメリカ人は、「スーパーマーケット・エスニシティ」などと呼ばれることになるかもしれない。彼らは、その選択によって、特定の祖父母にみずからを同一化し、象徴的に、この祖父母の出自集団の子孫となっているという可能性もあろう。いわば、スーパーマーケットで何でも好きなものを選ぶように、民族所属を選択することができよう。スタインとヒルから見れば、これは、もっぱら人前でとりつくろうために意識的に選択される、非現実の虚偽のエスニシティの問題なのだ。そしてそれは、意識されていないにせよ、諸個人の生活に影響を及ぼす真のエスニシティとは別物である。ハーバート・ガンス（Herbert Gans）は、「象徴的エスニシティ」と題する論文中で、ヨーロッパ出自のアメリカ人の場合に見られる、こうした民族へのこだわりを研究している。ただし、より大きな民族集団の社会生活のなかで彼らの側で考える具体的な意味には立ち入らずに、である。実際、イタリア系、アイルランド系、あるいはクロアチア系だと自称する個人は、社会的評価の高い職業（弁護士、教授など）に就き、他の上層および中流のアメリカ人と同じように、大都市の郊外に住み、同じライフスタイルと同じ価値を共有している。そして、民族化された社会的ネットワークや、民族的な性格の政治組織には所属しない。ガンスによれば、彼らの民族的同一化は、部分的に選択された一祖先への、主に余暇のなかの折々の活動に示される象徴的な同一化からなっていて、政治戦略の枠組みのなかには含まれない。たとえば、イタリア系に同一化する者は、毎年のニューヨークのマルベリー街の行進［この通りを中心に「リトル・イタリー」と呼ばれる彼らの歴史的な多住街が展開し、サン・アントニオ祭などが祝われる］に参加するだろうし、それに対し、アイルランド系に同一化する者は、聖パトリックの祭〔パトリックはアイルランド固有の守護聖人で、五番街にその名を冠した教会があり、この祭にはアイルランド系市民が集う〕を祝うことだろう。言い換えるなら、ヨーロッパ系の中間および上層階層の成員たちを特徴づけるこの「象徴的エスニシティ」は、彼らが意識的に重視しようと決断すれば別だが、その社会生活には、何の影響も及ぼさない。彼らにとって、民族とは、個人の望むところによって喚起される主観的なアイデンティティとなっている。

それゆえ、民族的同一化の現象に関心を寄せる研究者は、集合的実在としての民族集団ではなく、個人的な民族的アイデンティティを強調する。というのも、ここではもはや、社会的チャンスが民族出自によって制約され、民族コミュニティが所与の地理的空間を占めている、あのエスニック街とは無関係だからである。この新しいエスニシティは、可視的な、場の定まった一集団の存在に根ざすものではない。

ガンスの著作の理論的成果に続いて、メアリー・ウォーターズ（一九九〇年）が、このエスニシティの二つの主要な性格をとり出し、定式化している。第一に、それは、個人の二重の選択から生じている。個人は、自分の望み次第で、民族的同一化を選択してよいし、しなくてもよい。また、ある程度まで、自分が象徴的に所属したいと欲する民族集団を選ぶこともできる。この民族オプションなるもの、すなわち、どんな場合にみずからの民族所属を選択できるかは、次の三つの主な要因から説明される。ヨーロッパ系民族集団間の通婚の度合、地理的移動、そして社会移動。ただし、当該の個人は、与えられた選択の可能性を喜んで認めるわけではない、とウォーターズは指摘する。第二に、この民族所属は動的なものである。個人は時々刻々象徴的エスニシティを切り換えることができ、状況に応じてそれを消滅させたり、別のものを選択することもできる。

ウォーターズの理論は、個人が一つの、または別の民族アイデンティティを喚起する過程に影響を及ぼす特定の構造や社会的文脈を研究しているのであるから、明らかに、状況主義的な視野に立っている。とはいえ、状況主義者がよく犯すような誤り、すなわちバルトにならって、エスニシティの主観性と主意性をしばしば過大に評価するという誤りの轍を踏んではいない。この轍を踏むことで、状況主義者は、民族的な同一化の過程の上に押しつけられ、同一化自体をしばしば不可能とし、強いられたものにしている構造的社会的拘束を、忘れがちとなる。

その他に、ウォーターズは、象徴的エスニシティが、事実上内容らしい内容がないにもかかわらず、なぜ功を奏するのかを説明しようとしている。このエスニシティが未来に向けて維持されることを説明し、これを診断することを可能にする二つの理由を彼女は挙げている。第一に、象徴的エスニシティは、所属コミュニティの探求と、個性への欲求という、アメリカ人の性格に特有の相矛盾した要求を満足させてくれるために存続する。個人は、その民族的アイデンティティゆえに独自であって、同時にまた、一コミュニティに属しているという感覚をもつこともできる。個人主義とコミュニティ願望の双方を満たしてくれる、というわけである。なお、象徴的エスニシティは、選択というものを意味として含んでいる、という点においても魅力的であり、アメリカ中産階級には、コストを負担せずに豊かな文化をもつことができる、という印象をも与える。第二に、象徴的エスニシティは、イデオロギー的に、人種主義的信念に合致するために存続する。実際これは、アメリカにおける人種関係に微妙な影響を及ぼしている。白人中産階級の民族所属は、象徴的で、柔軟で、自発的であるが、黒人とヒスパニックのそれは正反対で、それらのカテゴリーに属していることの社会的・政治的帰結は現実的なものであり、しばしば大きな苦悩の源となる。白人中産階級は、「白人」エスニシティと「黒人」エスニシティのあいだのこの違いを理解せず、あらゆる民族所属は等価で、象徴的で、自発的で、コスト不要だと考えている。それだけ、アメリカ社会における、人種マイノリティの実状や要求がわからないのだ。とくに彼らは、人種マイノリティの地位を改善しようとする社会的プログラムに反対する傾向があり、そうすることで、アメリカ社会における人種差別を強化している。リチャード・アルバ（一九九〇年）は、こうした分析の側に立っているようだ。彼によれば、この象徴的エスニシティは、アメリカ的冒険の原型的経験を、ゼロから出発して頂点にまで達するこれらヨーロッパ系移民の歴史によって規定するのに貢献している。これは、黒人など他の集団が否応なしに位置づけられているそれに対し、アメリカ人性の新たな定義をなすものである。とすれば、象徴的エスニシティは、すでに定義上からして、これらの集団を排除しているわけであって、したがって人種差別の一形態と見なすことができるというわけである。

アルバの中心的観念は、ヨーロッパ出自のアメリカ人の民族所属は、未曾有の変容の過程に突入し、逆説にみちた道程をたどっている、というものである。事実、一方では、ヨーロッパ系祖先に基礎を置く客観的な民族的区別が、政治・経済・教育・文化のいずれの分野においても急速に曖昧になっていき、これらアメリカ人については、その民族所属は、もはや、アメリカ社会のなかでの彼らの地位を条件づけるものではなくなっている。ところが他方で、客観的な民族的区別の消滅にもかかわらず、彼らのうちの多くは、家族、学校、労働の場で相変わらず、かなり声高に、さまざまなやり方でヨーロッパ系の民族的出自であることを言い立てている。アルバは、この変容をもって、アメリカにおけるヨーロッパ系アメリカ人という新しい民族集団の誕生を画するものとする。また、あれほど多くの「白人」が、彼らの文化的差異が大幅に薄れているにもかかわらず、依然として民族的出自を述べる理由も、この新しい民族集団の誕生によって説明がつく。実際、アメリカの社会的文脈が根本的に多民族的、多人種的であって、民族的なものによって規定された諸集団間の競争が依然大きな力をなしている以上、象徴的ヨーロッパ・アイデンティティに基づく民族集団の誕生は、ヨーロッパ発の移民のもろもろの波に由来した民族集団がすでに同化したことの一つの結果と解釈されよう。だが、彼らは、明確な文化的内容を失ってしまっていても、みずからを民族的用語で呈示しつづけなければならない。

言い換えれば、こういうことだろう。アメリカ社会は、エスニシティの衰退の舞台でも、民族現象の再生の舞台でもなく、むしろ、ヨーロッパ系アメリカ人のあいだにおける民族境界の再構成の舞台であって、これはすでに強調したように、民族・人種諸集団のあいだの動態について広い政治的意味合いをもつものであろう、と。

アルバが力説するところでは、ヨーロッパ出自の「白人」における支配的なエスニシティは、公的であるよりは私的にとどまる、民族的と認知される諸経験のなかに反映されている。それらの経験は、同じ民族的アイデンティティの担い手の相互間で政治的動員を生じることもなければ、社会的連帯を促すこともなく、日常的にではなく、時折り、具体化されるにすぎない。たとえば、「民族風に食べる」といったことが、最も重要な経験に数えられるというあり様である。

ガンス、ウォーターズ、アルバによる考察は、アメリカの社会と国民についてのさまざまな探求のうちに引き継がれている。なかでも、エスニシティへの諸アプローチ間の緊張を解消してくれる最も興味深い試みとして、「脱エスニシティ」に関するデイヴィド・ホリンジャー（一九九二年）の考察があり、これは紹介に値する。この著者は、共通の出自に基づく帰属が、もはや前もって決められるのではなく、意志に基づいて決められるような、脱エスニックなアメリカ社会の未来の創造をよしとする。脱エスニックなアメリカ、それは、「アフリカ」出自であるとともにアイルランド出自である一黒人作家が、冗談と受け取られることなく、自分はアイルランドの遺産を継いでいるのだ、と主張できるようなそんな社会であろう（W. Sollors, 1989）。また、この社会は、白人女性は黒人の子どもを産めても、黒人女性は白人の子どもを産めない、といった決まり事が斥けられるような社会でもあろう。

脱エスニックな見方は、ワスプに支配されてきたアメリカ国民の、民族的歴史への反発を意味する。この見方は、アメリカ史上の未知の諸文化をこれまでのあらゆる世代よりも評価している現在の世代によって担われるはずであろう。またそれは、こんにちまでしばしば本源的なものと見なされてきた民族的出自について、変更できるような選択を行なう可能性を諸個人に認めなければなるまい。偉大な多元主義者ホレース・カレンは、かつて、人は自分の祖父を選ぶことができない、だから民族的・人種的アイデンティティは決定的な形で与えられているのだ、と述べた。だが、脱エスニックな見方は、反対に、原初的アイデンティティを押しつける祖先の権利に異議を申し立てる。その合言葉は、「出自がどうであれ、すべての個人に自分の民族アイデンティティを自由に選ばせよう」である。脱エスニックな見方が、民族・人種集団の社会的構築物としての性格を強調していることはいうまでもない。

この民族的・人種的アイデンティティが、社会的に構築されるという性格のもので、したがって変化しうるものだということは、ユーロ＝アメリカ民族グループの構成に向かうこんにちの動きのなかに明瞭に現われている。この集団はさながら、過去には区別され、対立的でもあった、イタリア系アメリカ人、アイルランド系アメリカ人、ユダヤ系アメリカ人、ノルウェー系アメリカ人などの諸民族アイデンティティの合成物である。ユーロ＝アメリカ人のグループは、次第に、アジア系アメリカ人、アフリカ系アメリカ人、「ネイティヴ」アメリカ人、(1) ヒスパニック＝アメリカ人と並んで、アメリカ社会を構成する五つの人口集団ブロックの一つと見なされるようになっている。これが、ホリンジャーが「アメリカの五大新民族・人種」や「五つの坩堝《るつぼ》」と呼ぶものである。実際、この五グループの各々は、かつては別々と見られていたが、すでにもろもろのアイデンティティの合成物をなしている。おそらく、アフリカ系アメリカ人のグループだけは例外だろうが。

（1）この表現は、北アメリカの領域内に居住しているインディアン諸部族の子孫を指す。

こんにちの五大民族・人種の形成を支配し、ユーロ＝アメリカ人のグループを誕生させたこの合成物は、エスニシティの理論に、二つの積極的な示唆をもたらしている。一つは、それらが、民族アイデンティティの創造、存続、変性の過程の、偶発的で文脈依存的な性格を示していることであり、第二には、よく似た合成が、現在の他の大きな人口集団にも起こっていることをわれわれに気づかせてくれることである。

現在のアメリカでは、五大民族・人種を形づくる五つの構成要素のあいだの区分線は、民族・人種集団間における個人の移動の限界をなし、エスニック政治のなかで、権力保有者によって引かれるこの上なく厳重な民族的境界をなしている。ということは、こんにち、アメリカ社会を特徴づける民族境界には、二つのタイプがあるということなのだ。まず、きわめて厳格な境界が五つのブロックを分けている。次いで、個人がより容易に浸透できる民族的境界が、この各ブロック内部の、異なるさまざまな成員を分けている。五グループのうち、ユーロ＝アメリカ人ブロックが最も開放された内部境界を示していて、したがって、最も大きなアイデンティティ移動の自由を個人に認めている。あるいは、ウォーターズが書いたように、最も多くの「民族オプション」を認めている。

とすれば、今後、脱エスニックな社会は、自由に適時に、民族オプションを行使する平等を全市民に認めること、それによって特徴づけられよう。言い換えると、民族境界を越えることが可能で、あらゆる個人が意のままに一象徴的エスニシティを選択するという同じ自由をもつような社会、ということである。

脱エスニックな見方は、たしかに、いまのところ、現実よりは夢想を示すものだが、しかし、アメリカ社会の未来について広く考察を行なう際の一つの枠組みをなすものである。こんにちの現実は、反対に、限定と拘束の度合をいよいよ強めるアイデンティティのコミュニティ退行的なイメージをしばしば呈しているが、脱エスニック論は、これの記述ではなく、これへの挑戦を示しているのだ。脱エスニック社会が出現すれば、とくに知識人世界を特徴づけるコスモポリットな傾向による種々の資源の動員が、起こるだろう。けれども、脱エスニック社会の出現を促すことのできる主要な要因といえば、社会経済的なたぐいのものである。ホリンジャーが言うように、人種マイノリティのいわゆる分離主義的要求をやり玉にあげ、「アメリカのバルカン化」を批判する向きがあるが、この人びとは、人口の増大する一部分を恒常的に社会的に排除している、階級構造のいや増す硬直性に注意を向けたほうがよいだろう。仮に、すべて個人にまずまずの生活水準に達する可能性があるなら、脱エスニック社会のヴィジョンははるかに現実味をおびたことだろう。だが逆に、五つの民族ブロックにおける貧しい者、排除されている者の要求が相変わらず無視されつづける以上、民族的、人種的に分割された社会の固定化を、むしろ恐れなければはならない。以上のホリンジャーの明晰な結論は、アメリカについては妥当であると思われるが、ヨーロッパの文脈のなかでも同じく考察を刺激するだけのものがあろう。

さて、以上とは別に、社会階級という次元を導入してくると、直接にエスニシティのマルクス主義的理論がみちびかれる。

4 マルクス主義的理論

マルクス主義パラダイムは、過去数十年間にわたって社会諸科学のなかに中心的位置を占めてきたが、一九八〇年代にほとんど信用を失墜し、その姿も見られなくなっている。政治的構想としての現実の共産主義の失敗は、現代社会の分析手段としてのマルクス主義へのかなり一般化された拒絶の形で現われているが、この態度は、二重の意味で問題だと思う。実際、世界的な社会、経済、政治の展開がたしかにマルクス主義の歴史哲学の不適切さを物語っているとしても、マルクス主義の影響下にある分析手段も時代遅れになったとは必ずしもいえない。別の点から見ると、マルクス主義的思考の伝統はきわめて豊かで多様であるから、少なくとも、社会現象の説明において有用である要素の保存に努めずにいっさい合切を否定するのは、軽率であると思われる。

いずれにせよ、マルクス主義的思考が、伝統的、民族的、人種的、国民的なものの動態を体系的に一貫した形で説明するのにきわめて困難を感じてきたことは、認めなければならない。たとえば、カール・マルクスとフリードリッヒ・エンゲルスは結局、これらの問題を扱った著作をほとんど残していない。なるほど、彼らの著作のなかには、たとえばアメリカ奴隷制における経済的一要因としての「人種」観念のように、若干の社会構成体における人種関係の重要性に関する興味深い議論の展開が見られる。しかし、そこには、資本主義的生産様式全体における、民族的・人種的過程の演じる役割についての体系的な歴史的・理論的な考察の跡は、ほとんど見られない。さらに、何人かの著者が正当にも指摘したように、マルクスとエンゲルスは、しばしば、当時の人種的ステレオタイプと完全に合致するような言明にみずからをゆだねている。しかし、彼らへの主な批判は、階級概念を強調するあまり、民族的・人種的現象を、階級現象を再編成したいろいろなカテゴリーに当てはめたり、これを二次的な上部構造として扱ったりし、その重要性を無視した点に向けられる。

けれども、民族的・人種的・国民的・宗教的相違と結びつけられた二つの主題が、マルクスとエンゲルスの著作には顔をのぞかせている。第一のそれは、労働者階級内部の分裂の問題に関係する。マルクスは、たとえばアイルランド人労働者の英国への移動を分析し、これがイングランドの労働者の団結に及ぼしかねない忌まわしい効果を懸念している。第二の主題は、民族《ナシオン》および民族問題に関するものであるが、マルクスによれば、民族への帰属意識は一般に虚偽意識の表われであった。なぜなら、それは労働者階級の意識の発展を妨げ、したがって、その政治的組織化や革命的情熱を危地にさらす恐れがあるからである。この二つの主題に関する分析はじゅうぶん展開こそされなかったが、それらが、民族的・人種的動態に関する、後世のマルクス的な分析の礎石を据えたことは否定できない。

にもかかわらず、民族的・人種的現象を社会階級という現象に還元する正統マルクス主義の傾向が一九七〇年代初頭まで続いていたという指摘は、妥当と思われる。その時期以降、マルクス主義、ないしネオマルクス主義の影響下に進められる考察は、根底から更新され、多様化し、とくに民族的・人種的カテゴリーと社会階級とのあいだの諸関係について、はるかに入念な解釈を誕生させた。還元主義的な正統的マルクス主義が拒否される一方で、「人種」とエスニシティに一定の自律性を認めたうえでの社会階級による見方の効力が再確認されたのだ。

マルクス主義の影響下における民族・人種関係へのアプローチに生じたこの大きな変化は、オリヴィエ・コックス（Olivier Cox）の著作と、ロバート・ブラウナー（Robert Brauner）の仕事を分けている距離によって、例証される（E. San Juan, 1992）。一九四八年に公刊されたコックスの『カースト、階級、人種』は、久しく人種関係についてのマルクス主義的著作の典拠と見なされてきた。アメリカにおける黒人と白人の諸関係についての彼の理論は、およそ次のように要約される。第一に、彼によれば、黒人たちは、主に階級上の位置のために、搾取によって苦しんでいる。彼らはまず、プロレタリアであることによって差別されているが、その上にまた、劣等化の人種差別イデオロギーの犠牲者であることによって、人種的にも搾取されている。言ってみれば、白人プロレタリアにくらべて黒人労働者は二重の搾取をこうむっているわけであるが、この人種関係は最終的には、階級の対立によって説明されるのである、と。言い換えると、正統マルクス主義の普遍主義的理想は、人種的抑圧というものの固有の特質の認知を妨げてきたということである。第二に、人種主義と民族は、労働者階級を分断するためにブルジョアジーによって利用される表徴にほかならない。人種主義イデオロギーは、黒人と白人のプロレタリアが、彼らの共通の利益を意識し、共通の客観的敵手であるブルジョアジーに対してみずから全体を組織していくことを妨げる。この労働者階級の分裂から、唯一、とりわけ経済的な利益を引き出すのは、ブルジョアジーである。

ロバート・ブラウナーの一九七二年の『アメリカにおける人種抑圧』（*Racial Oppression in America*）という著作（E. San Juan, 1992）は、コックスの正統的、還元主義的な視角に弔鐘を鳴らすこととなり、民族と人種主義の問題へのマルクス主義的考察の革新の出発点となっている。アメリカ社会が初めて「人種的秩序」と規定され、「人種」は、恐るべき国際的な政治勢力と解されることになる。ブラウナーはコックスに反対し、「人種」は、階級には還元できないと主張する。その理屈から、人種主義は、彼によれば、一連の非合理的な主観的信念などではない。「人種」と「階級」は、弁証法的に絡み合っている。アメリカにおける人種的マイノリティは、労働者として搾取されていると同時に、植民地支配を受けた人びととして抑圧されている。ブラウナーは、この抑圧を指すために「内的植民地主義」（internal colonialism）という概念をつくりあげる。さらに、文化的支配のメカニズムを強調するとともに、被抑圧集団の関わるもろもろの文化的抵抗の意義を力説する。この後者が、しばしばナショナリズム運動という外貌を示すのだ。

ブラウナーの著書の公刊から一九八〇年代までのあいだに、民族・人種関係のマルクス主義的考察は、これまでの段落で紹介したような支配的なエスニシティ社会学に圧倒され、舞台の前面からは退いていく。とはいえ、アメリカではその舞台の影で、またイギリスではそれよりもいくらか目につく形で、展開を見ている。たとえば後者では、ステュアート・ホール、ロバート・マイルズ、ジョン・ソロモス、アメリカでは、マニング・マラブル、マイケル・オミ、ハワード・ワイナントといった知的牽引力に刺激され、いくつかの主要問題をめぐって考察が行なわれている。ただし、現代世界における民族、人種の動態を理解するには資本主義的生産様式の分析が欠かせない、という点を強調しながら、である。その主要な問題の第一は、階級間関係に対する人種主義の相対的自律性に関するものである。ホールによれば、「人種」を単純な形で階級に対置するのは正しくなく、実際に検討されなければならないのは、特定の歴史的状況の下でのこの二つの観念の結びつき方なのである。第二の問題は、民族、人種の動態における、国家と政治諸制度の役割に関係する。たとえば、オミとワイナントの仕事は、国家が、どの程度、人種的に構造化された社会的状況の再生産の場でありえたのかを検討したものである。第三に、労働者階級の構造と階級闘争に及ぼされる人種主義の影響が、掘り下げて研究されている。そして、人種主義イデオロギーの生産・再生産の諸過程が分析されたのであった。なお、たとえばポール・ジルロイやステュアート・ホールのようなマルクス主義的思想家の一部は、ポストモダニズム的な考察に惹かれている。

マルクス主義の影響下にあるさまざまな理論についての紹介と議論のためには、たしかに一個の著作が必要かもしれない。本小著では、この節を閉じるにあたり、非正統のマルクス主義的考察におけるエスニシティ研究の、主要な二つの寄与を指摘するにとどめたい。

第一に、それは民族的諸関係をつくりあげる一般的な社会的・経済的・政治的文脈についての一連の説明を提供している点にあり、第二は、民族と階級の結びつきを分析すること、そして、一方のカテゴリーを他方のそれに還元しないことの重要性を強調している点にある。

エスニシティへの主要な理論的アプローチの紹介を終わるが、エスニシティとそれにしばしば結びつく一連の概念のあいだのつながりについて、いくつかの問題が残っている。以下に続く三つの章は、エスニシティと文化、宗教、ナショナリズム、人種、社会階級、性などの概念のあいだの関係について、総合的アプローチを示すことを目的とする。

第四章　エスニシティとその隣接概念――総合的観点から

エスニシティの観念は、一般に、文化、宗教、ナショナリズム、「人種」の観念と結びついている。したがって、常識ではしばしば、エスニシティと文化は等価とされ、民族集団は、明瞭な特徴のある、過去から受け継がれた文化によって性格づけられる人間集団と見なされてきた。宗教コミュニティについては、ユダヤ人の例から、民族性と宗教のあいだには一定の関係があると考えるのが正当とされているが、とはいえ、これにはより不分明なものが隠されている。エスニシティとナショナリズムの関係についてよく取り上げられる観念は、エスニック集団は事実上国家なきネーションであり、したがって二つの概念のあいだには根本的な違いはないという主張である。そして、エスニシティと「人種」の観念との関係は、つねに穏やかとはいえない論争を生み出した。たとえば、フランス語世界ではいまだに、エスニック関連の語彙の使用は、事実上、十九世紀の人種的な見方を密かに婉曲語法的に社会科学のなかに再導入するものと見なされることが少なくない。この章の目的は、これら問題の諸観念を結びつける、または分化させる、概念上の関係の根本的ないくつかの側面を、総合的に明瞭に示し、右のような通念を乗りこえるよう努めることにある。

I エスニシティと文化

この二つの概念の関係については、すでに第二章でエスニシティの一定義を紹介したときに、また第三章でも、実在論的理論とバルト理論について論じた際に、触れている。だからここでは、本書のなかで多少とも明示的に推奨してきたエスニシティへのアプローチの特有性をきわだたせるため、いくつかの点を明確にするにとどめたい。

人類学はこれまで長らく、西欧文明から完全に切り離された、口承の伝統に生きる部族や民族に、もっぱら関心を向けてきた。また、民族学の理想は、西欧的なものの影響をまぬがれたあらゆる純粋性において、社会システム、および、とくにこれら未知の人間的なものの総体の文化を研究することだった。この見方からして、人類学者たちは、民族集団とは共通の基本的文化価値を分けもつ人びとであると見なすようになり、その基本的文化価値とは観察可能な文化形態および文化慣行によって表現されるものであると見てきた。言い換えると、民族集団は、成員に分けもたれた共通文化、とりわけ、研究される人間的現象全体のうち人類学者によって観察される言語、習慣、信念によって定義されてきたのだ。

人類学者は、一般に、外社会と何の接触ももたず孤立して生きる民族や部族の研究を行なう傾向があるが、対象の民族集団が他の民族集団と取り結ぶもろもろの文脈のなかでも研究を続けている。その場合、社会的相互行為のそれぞれの担い手は、特有の一文化によって性格づけられると想定され、接触する民族集団間の文化的相違が、民族性の決定的要因をなすとされた。研究対象である民族集団のあいだに客観的な文化的相違がなければ、民族的なものも表出されえないだろう、というわけである。民族的なものは、物質文化に、習慣に、また観察対象の各民族集団に特有の目に見える慣行に、直接に関係する。

こうした伝統的な人類学的アプローチにあっては、民族集団の文化は、西欧研究者がその解読に努めなければならない自然的な所与と見なされてきた。またなお、民族集団間の文化的な相違が何らかの理由で曖昧になることがあれば、それとともに民族的なものも消失するであろうとされた。

民族集団を固有の文化的単位と見なすこの考え方は、他の社会科学にも借用されていったが、一方、人類学者のフィールドワークは、次第に、ある種の状況を説明する上での弱さを露呈するようになった。エドマンド・リーチによって研究されたカチン人の事例は、文化的内容をもってエスニシティの概念化を行なうという方法の不適切さの一例をなす（C. Keyes, 1978）。実際、ビルマのカチン人〔同国の北部に分布する民族集団で、歴代ビルマ王朝に服さなかった。一応共通語（ジンポー語）はもつが、七つの言語集団から成る〕は、なんら言語的・文化的一体性を現わしていないにもかかわらず、社会的に区別された一集団をなしている。事実、カチンに社会的凝集性を与えているのは、彼らが隣人シャン人〔同じくビルマの北部、東部に住む民族集団で、タイ語系の言語を用い、カチン人とは交易関係がある〕とのあいだに維持している関係の構造であって、なにか明確な文化的内容などではない。エイブナー・コーエン（一九七四年）は、エスニシティと文化の関係をめぐる伝統的な見方の限界を示す別の一例を提供している。彼に言わせれば、ロンドン・シティの金融業者は、まるでヨルバ社会〔西アフリカのナイジェリア、ベニン、トーゴにかけて分布する民族の社会〕のハウサ人と同じように、イギリス社会のなかでは文化的に区別される存在であり、一利益集団をなしている。そしてみずからの位置している社会システムを構成するさまざまな利益集団間の競争に加わるため、その独自の文化を活用している、と。だが、文化的特有性があるからといって、よもやロンドン・シティの金融業者を一民族集団と見なすことなどありえない。

民族と文化の特定の関係への伝統的なアプローチは、現実には、二つの大きな問題にぶつかっている。第一に、それは文化の物象化に大きく関わってしまう。その場合、文化は、人間活動の他の領域から独立した、それ自体一個の物であるかのように認知され、文化システムは、いわば所与で、固定的で、閉じられたものとなる。第二に、このアプローチは、異なった場所と時代において異なった文化特性を示す人びとが、にもかかわらずなぜ同じ一つの集団に属することが可能なのか、を説明できない。リーチとバルトは、われわれを相互行為と社会的組織化の研究にみちびいてくれ、この研究によって、はじめて右のことが可能となろう。すなわち、文化それ自体の研究の代わりに、民族集団間にある境界の標識化および画定の過程の分析を重視することが、それなのである。

第二章で採用されたエスニシティの定義と、第三章で紹介された理論的展開が示すように、民族と文化の関係をめぐる伝統的な見方は乗りこえられた。エスニシティは、客観的文化的特殊性によっては定義されず、その社会的・政治的構築によって、および社会的行為者たちが社会的相互行為において有利であるよう展開する諸行為によって定義されること、これは、次第に共通の理解となってきている。文化は、エスニシティからの一つの帰結でこそあれ、エスニシティを規定する一要素ではないのだ。このことが前提されると、文化が変化しても、集団間の文化的相違が消失しても、民族的アイデンティティは維持されうることの理由を理解するのがより容易になる。したがって、一九七〇年代アメリカに見られたヨーロッパ系移民の末裔における民族的アイデンティティの再生は、アメリカ社会における全面的同化の最終段階への突入と符合するものだった（H. Gans, 1979）。古典的アプローチが言うところに反し、文化的相違の消失が、必然的に、自動的に民族的アイデンティティの終焉をまねくものではない。

このことは、逆説的と感じられるかもしれない。なぜなら、もろもろの民族イデオロギーは、たいてい集団の文化的内容の連続性を強調しており、かつ、それが集団の一体性の正当化と映じるからである。そしてこの逆説については、エスニシティと文化の関係をいま一つ別のレヴェルで捉えることによって、説明することができる。以下では、民族イデオロギーがいかに文化的独自性という観念を維持しつづけているか、社会的行為者が彼らの民族性をそれによって基礎づける文化的独自性をいかに構築しようと努めているか、を示そう。

ネーゲル（Nagel, 1994）によれば、民族的アイデンティティと文化が、エスニシティを構成する主な二要素である。民族的境界は、アイデンティティの選択、所属、そして民族組織の構成、その規模と形式を決定する。「われわれは誰か？」という問いに答えるものがこれである。文化が、というよりはむしろ文化的独自性への信仰が、民族的なものの内容と意味を提供し、集団に、イデオロギーや歴史や象徴世界や個別的意味の総合を提供する。文化は、「われわれは何か？」という問いに答えるのである。

ネーゲルの推奨する構築主義の見地では、アイデンティティと文化は、単純に考慮されるべき与件としてではなく、エスニシティにおける創発的・問題的な特性として考察されるべきものである。

このアプローチにおいては、文化とは意味の生産の問題にほかならない。ある特定の民族性について、その適切または不適切な内容を規定し、真正な民族性と結びついた言語や宗教、信念体系や音楽、衣装やライフスタイルはこうこうであると指し示す。文化はもっぱら歴史の継承物というわけではない。それは、われわれが受け入れなければならない文化的財を満載したスーパーマーケットの手押し車とは違うのだ。われわれは、現在および過去の飾り棚に置かれたもろもろの要素のなかから選り抜いて、われわれの文化を構築する。

より大きな社会との相互作用のなかにある個人と集団の、民族境界に従ったもろもろの行為によって、文化は構築される。比喩的に言うと、文化の構築とは、個人と集団が彼らのスーパーの手押し車、または三章で触れた、バルトの言う容器をいっぱいに満たしていく過程である。そうすることで、彼らは、過去を再創造するように、現在をもこしらえあげる。

ネーゲルは文化構築のいくつかのテクニックを区別し、これを挙げている。その二つの大きな部類は、文化の歴史の再構築、そして新しい文化の構築である。一方は、過去の文化的な実践および制度の蘇生と再建であり、他方は、現在の文化諸形式の見直しと再構築、そして新しい文化諸形式の案出である。文化の再建と再生、これは、忘却のなかにある文化の形式と実践が掘り起こされ、現代文化のなかに再導入されるときに生じるものである。文化の見直しと革新、これは、現在の文化要素が修正されるとき、または、文化の新しい形式と実践が生み出されるときに起こるものである。

これらの文化構築のテクニックは、コミュニティの建設そして集合的動員という二つの目的の追求のなかで働くことになる。文化の構築は、集合的アイデンティティの境界を規定する方向に働き、メンバーシップの基準を確立し、共通の象徴的語彙をつくり出し、共通の目的を規定するとき、コミュニティの構築を助ける。文化の構築は、集団的連帯の基礎となるとき、要求または不満に定義を与えなければならないとき、そして集合行動の目標、課題を確定しなければならないとき、集合行動を促す力となる。自らの歴史と文化の構築は、民族集団に課せられる大きな任務である。この過程では、過去は、意味の探求とコミュニティの探求における一つの資源として利用されるのだ。

なお、文化の構築はまた、既存の民族人口における、民族境界の再活性化と民族性の再定義のための一方法でもある。言い換えると、既存の民族集団は、新しい民族集団との関連において再定位されなければならない。たとえば、ベルギーの例だが、外からやって来た移民の民族的な主張を前にして、フラマン人もワロン人〔その建国以来ベルギー国民を構成してきたオランダ語系とフランス語系の二大集団〕も、自分たちの民族を再構築するという必要に迫られている。

さらにまた、文化構築は民族的動員にも用いられるのであり、文化の意匠変えは、民族運動の重要な一側面である。その動員の過程では、文化的要求と文化的図像が民族行動主義者たちによって利用される。

ネーゲルは言う。エスニシティ研究は一方で諸個人の行為と民族諸集団間の相互行為に、他方でもろもろの社会構造に焦点をあてるものでなければならない。民族アイデンティティも文化も、ともに内から、および外から構成される。この両者において、われわれは社会的構築という過程に出会うのであるが、これを研究するには、個人と構造の、そして方法的個人主義と全体論の調停がなされることが前提となる。

結論としては、文化とエスニシティの関係は単純どころではない。民族集団の客観的で所与である文化的独自性がその民族的性格を規定する、とする主張はもはや支持を得られない。民族的性格はむしろ、民族集団を特徴づけるとされる文化的連続性が存在するという信念、およびその集団への所属感情によって、つくられるのだ。なお、客観的・本然的で明白な特徴をもった一文化によってエスニシティが定義されないからといって、エスニシティと文化は別個のものということにはならない。逆に、後者は前者からの一つの帰結であるように思われる。より具体的に言えば、民族的主張というものは、文化的相違のイデオロギーの構築、独自文化の構築において現われる傾向がある。言うなれば、文化は、アイデンティティの主張と民族的境界からの副産物ということであろう。したがって、およそエスニシティの研究は、民族的アイデンティティについてにせよ文化についてにせよ、社会的・政治的な構築の諸過程に関心をもたなければならない。事実、これらの過程間の動態からこそ、民族的なものが生まれてくるといえよう。

Ⅱ　エスニシティと宗教

エスニシティと宗教の関係について一般的理論を提示するのは、個々の事例の多様性、複合性、特殊性が大きいだけに、とてもむずかしい。これをあらゆる深さにおいて認識することは不可能だし、一般的命題を定式化すると、個々の経験的特殊事例からの反論をつねに招いてしまう恐れがある。

それでも、三つのタイプの問いと問題を区別しておけば、エスニシティと宗教のあいだの関係を明らかにするよう努めることは可能である。

まず第一に、エスニシティが一種の宗教を構成することはありえないかどうかを問うてみることができるが、ここでは二つの側面が区別されなければならない。まず、シルズやギアーツのような原初主義者は、民族的紐帯に聖なる価値を帰属させている。民族と宗教は、疑問の余地なく、この神聖な性格を分けもっているとされる。エスニシティの宗教的な側面は、民族集団をいわば聖なる共同体たらしめるものであろう。これに続いて、アーサー・シュレージンガーの最近の著作（一九九二年）は、民族を、こんにちのアメリカ社会の中で機能している崇拝ないし信仰として呈示している。彼によれば、アフロ中心主義や過激な多文化主義は、民族と民族的相違の礼讃にほかならず、国民の統一的ビジョンをないがしろにし、アメリカ社会の民族的・人種的断片化に拍車をかけるものである。それだけではない。マイノリティを傷つけることなく定義し、語るために、受容可能な語彙のルールを実質的に規定するポリティカル・コレクトネスの潮流〔従来の白人男性の立場に偏った性・人種マイノリティへの認識や表現を批判し、改革しようとする運動〕があるが、これが示すのは、疑わしい教養をもてあそぶ傾向である。多文化主義の「過激派」が押しつける語法を守らないと、ドグマ侵犯と同一視され、当事者は人種差別論者という忌まわしいカテゴリーのなかに追放される、破門にも等しい社会的処罰を招くだろう、と。

第二に、原初主義者はしばしば客観的な用語によるエスニシティへのアプローチを説き、そのようなエスニシティを、家族の所属に、さらにはクランとかトーテムのようなより大きな共同体に結びつける。この意味で、民族集団とは事実上、信仰を一にし、同じ一トーテムに同一化する者全員を包含できるとされる。とすれば宗教は、言語や慣習のような他の要素とともに、民族を規定する客観的一要素をなすことになる。この見方では、宗教も、同一言語と同様に、諸個人を結びつけるセメントとなる。しかしながら、今日のもろもろの紛争を観察してみると、宗教、言語から見て均質的であるような地域の中でも、紛争は勃発している。

宗教とエスニシティは、表面的な分析レヴェルで捉えるかぎり、ほぼ完全に重なるようなケースがある。たとえば、ユダヤ人は、全体として見て、一個の宗教集団を構成している（H. Gans, 1994）。しかし、信者のコミュニティがしばしば民族コミュニティの規模を越えるような、それとは別の事例も少なくない。とすれば、異なる民族集団が同じ宗教を奉じるということもありうるわけで、宗教は、民族集団を区別するのにつねに充分な指標ではないことになる。たとえばイスラーム共同体（ウンマ）の場合がそれであって、これは、若干の例を引くだけでも、アラブ人、トルコ人、中国人、フランス人などを包含するものである。

とはいえ、宗教は、エスニックないしナショナルなアイデンティティの定義の一部となり、またその逆もありうる。たとえば、ローマン・カトリックの信仰は、疑いもなくポーランド人アイデンティティの一つの決定的な要素であり、これとまったく同様、正教の信仰は、ギリシア文化の定義において中心をなしている。ガンス（一九九四年）によれば、われわれは、この点で民族＝宗教的な集団を眼前にしているのだ。

第三に、エスニシティと宗教の関係については、宗教的シンボルが民族関係においてどのように操作されるかを研究することで、構築主義的パースペクティヴのなかで分析することができる。この点について、マニング・ナッシュ（一九八九年）が、いみじくも、もろもろの民族集団はしばしば共通の祖先と宗教をもっていると信じている、と指摘した。その多くは、他の民族集団との関連で、「寝床、血、礼拝」という比喩を組み合わせて用いる。ある歴史的条件の下では、宗教は、すぐれてその標識となるような一民族性を表出するための文化的手段となることがありうる。民族関係における宗教のこうした戦略的使用を示すいくつかの例が挙げられる。小アジアのアッシリア人〔アシューリーとも呼ぶ。キリスト教ネストリウス派のアッシリア教会の信徒〕は、同じ地域のアラブ人やトルコ人から自分たちを区別するのに充分な生活様式上の違いに頼ることができず、このため、彼らの民族的言説は、とくに東方のキリスト教徒というその宗教的特異性を明示化することに拠るようになり、そうすることで、みずからを、アラブ人とムスリム・トルコ人から同時に区別しようとする。旧ソ連のカザフスタンの民族指導者たちは、ムスリムと貼り札をされながら、ほとんど宗教的ではないのであるが、ロシア当局との対立の際の交渉の武器として、たとえば多数のモスクの建設といった宗教的シンボルを誇示する。ボスニア紛争では、セルビア人たちは、ボスニアのムスリムたちは原理主義者であり、クロアチアとヴァチカンのカトリック勢力と結び、セルビア正教を押し潰そうとするジハード（聖戦）に打って出ている、と宣伝にあい努めたものである。そして、脱移民受け入れ期にあるヨーロッパ社会〔西欧主要国では一九七〇年代なかばから新規外国人労働者の受け入れを厳しく制限しているが、家族呼び寄せは認め、アラブ系、トルコ系等の移民の定住は進んだ〕では、宗教的なものの主張は、民族性の重要な標識となりうる。また、ある移民出自の民族カテゴリーの者がこうむっている社会的・政治的・文化的排除に対する、アイデンティティに基づく反発となりうる。これはとくに、イスラームの支配的な国々出身の親の下に生まれたフランス人の若者の一部や、あるいは、両親の生まれたアンティル諸島のラスタファリ教〔黒人至上主義的な千年王国的運動で、幼名ラスタファリのエチオピアのハイレセラシエ一世を神聖視する〕をイギリスで再興しようとするイギリス人の若者たちの場合である。それが宗教信仰の真の表出にせよ、あるいは単なる宗教シンボルの操作にせよ、宗教へのこの種の訴えは、最弱者たちが排除に対して抵抗するために用いることのできる文化的一手段である。これは、主観的には価値付与しながら、社会全体からはしばしば価値剝奪されている民族的主張の枠組みのなかで生じることである。

Ⅲ　エスニシティとナショナリズム

エスニシティとナショナリズム。両者の関係は複雑きわまりない。まずわれわれは、二つの概念のあいだの収斂と乖離を浮き彫りにするかたちで、この関係を研究することができる。次には、ナショナリズムは、どれほど先在するエスニシティの延長物であるのか、また逆に、ナショナリズムは近代に特有の新しいものであるのかどうか、を問わなければならない。

ナショナリズムの近代性、これは疑いえないように思われる。この言葉自体、約二〇〇年前、ドイツの哲学者ヘルダーによって、フランス語ではバリュエル師〔一七四一〜一八二〇年、フランスの革命理論家〕によってつくられたようである（G. Calhoun, 1993）。ナショナリズムの言説についていえば、十七世紀の英国の王権に対する反乱、スペインの植民地支配に対する新世界のエリートたちの闘争、一七八九年のフランス革命、そして同革命に対するドイツの反動のなかに、その起源が見出される（G. Calhoun, 1993）。しかし、この明らかな近代性にもかかわらず、こんにちナショナリズムの要求するものの多くは、古くからの民族のレトリックに根ざしている。

同じく、エスニシティは、久しく考えられてきたような過ぎ去りし前近代的過去の痕跡や、ましてその過去の自然な再現とは、ほど遠いものである。エスニックな要求や連帯も、旧来の民族のレトリックにしばしば訴えるにせよ、ナショナルな要求におとらず近代的なものである。

それゆえ、エスニシティもナショナリズムも、ともに歴史を利用する。エスニック集団もネーション(1)も、祖先、系族、共通の末裔への主観的信仰によって、また同じく、集団の歴史における特有性への主観的な信仰によって特徴づけられる。したがって、歴史の解釈は、エスニックな、ナショナルなアイデンティティを維持、強化、さらには正当化しようとする政治体制にとって、決定的な意味をもつ。とすれば、およそ民族的ないしナショナルな主張をもつ運動は、ネーションや民族集団の歴史を書くこと、ないし書き換えることに大きな意義を認めることになろう。

（1）しばしばエトゥニーを基準としながら、歴史的領土、および共同体形成の意志によって特徴づけられる集団をいう。意味文脈によって「民族」とも「国民」とも訳される――訳者あとがきも参照〔訳注〕。

ベネディクト・アンダーソン（一九八三年）の言葉を借りて、ネーションもエスニック集団も、実際には「想像の共同体」（imagined communities）であると付け加えることもできよう。一個の共同の歴史への信仰を基盤として、諸個人は、直接の関係をもったためしもないような多数者とともに、同じネーションまたは同じ民族の他の諸個人とのあいだに取り結ぶ特有の関係を想像するのだ。事実、ここに、エスニシティとナショナリズムの力が宿っている。この同一化の二つの原理は、実際には社会的にはきわめて隔たっているかもしれない諸個人に、近似性と同一集団所属の感情をもたらすようになる。

ナショナリズムとエスニシティのあいだのいま一つの共通点は、この両観念のなかに個人主義が重要な位置を占めていることである。ネーションの近代的観念は、出自、血統という観念に依拠しているとしても、それは等価性をもった人格というカテゴリーに立ち帰るものである。前近代的な社会的・政治的システムにあっては、成員たちは、年齢、性別、これこれの親族、しかじかの系族への所属に従い、逃れることのできない一つの地位の影響下にあった。社会は本質的に、厳格に序列化された人間関係網の総体から構成されていた。反対に、近代的ネーションの発展は、自由主義的個人主義の登場とペアで進むのであり、この個人主義は、各個人を他の諸個人との等価性において、ネーションの一成員とする。エスニシティの概念の今日の受容も、もちろんこれと同様である。実際、エスニック集団もネーションに似て、等価的な諸個人の総体なのだ。

しかし、別の観点からは、ナショナリズムとエスニシティのあいだにある重要な相違が指摘される。エリー・ケドゥーリ（一九九二年）が強調するように、ナショナリズムの言説は、ほとんどつねに三つの基本的原理をめぐって、結び合わされている。まず第一に、人類は、当然のこととして、諸ネーションに分割される、という。次に、これらのネーションのきわだった特性を明示することは可能である、とする。そして、諸ネーションの政府はそれ自体、唯一正当な政府のタイプである、と主張する。したがって、ナショナリズムは、自己決定の要求の同義語であり、各ネーション、各人民にとっての明確な主権をもった政治共同体の創出を要求することとの同義語である。アーネスト・ゲルナー（一九八三年）が書いたように、ナショナリズムの目的は、政治共同体の諸境界を一致させること、すなわち、現代にあって、国家の境界とネーションの境界を一致させることにある。これと反対に、エスニシティは、同じ民族的アイデンティティによって定義される社会諸集団のために政治的主権を追求することはない。これらの集団は、彼らの生きている国家の境界内において独自性の承認を求めること、また、複数の国家の境界を越え出ることとの承認を求めることで、よしとする。事実、たとえばバスク人のような若干の民族集団は、複数の国家の領土に分散している。このように、政治的主権を追求するか否かは、たしかに、ナショナリズムとエスニシティのあいだの重要な区別の一要素をなす。

それだけではない。両者は、それぞれの言説が国内的か国際的かという性格においても区別される。ナショナリストの言説は、もろもろの国家によって構成される世界システムのなかで、他ネーションとの関係におけるきわだった特性を各ネーションに要求するだけに、本来的に国際的である。だから、各ネーションは、国際的協調のなかで他のネーションとの違いをきわだたせ、その特有性の基礎の上に、固有の政治組織への権利を要求しなければならない。それに反し、エスニシティの言説は必ずしも国際的ではない。エスニック集団が、一国家のなかで、一個の承認なり、特定の地位なりを要求するとき、そこで押し出される言説は、彼らの生きている国家＝国民的な文脈に適応したものとなっている。ところが、彼らが単なる一国家の境界を越えた承認を求めるときには、国際社会を形成する諸国家に対してみずからを定位させることが眼目であれば、その点ではナショナリストと類似した国際的な言説を用いることになろう。

以上の相違以外にも、エスニシティとナショナリズムの関係については、エスニック集団とネーションとの関係という問題が残る。ナショナリズム、それは、エスニシティ、すなわちエスノ＝ナショナルな一集団への所属感情があらかじめ存在することによって説明できるのだろうか。または、一ネーションへの所属感情は、エスニックな動員の所産なのか、それとも、ナショナリズムによる動員の所産なのか。ナショナリズムは、国家の構成の過程からの派生物にすぎないのか、それとも、近代性の主要な一構成要素なのだろうか。

アンソニー・スミス（一九九二年）によれば、ナショナリズムは、その根を前近代的な民族《エスニシティ》のなかにもつ。彼は、ネーションが原初的なものでも自然的なものでもないことを認めながら、それが歴史的連続性のなかに描き込まれていて、強い永続性によって特徴づけられるエスニックなアイデンティティに基づいていると主張する。『ネーションのエスニックな起源』〔邦訳名『ネーションとエスニシティ』〕という挑発的な題名の本のなかで、彼は、イデオロギーおよび政治運動としてはナショナリズムが近代的なものであることを否定しないが、しかし、ネーションの民族的《エスニック》な起源の古さというものをも強調している。したがって、この英国社会学者にとって、近代ネーションは、明らかにエトゥニー[1]の連続性のなかに描きこまれていることになる。固有の神話や象徴によって特徴づけられるこれら民族共同体は、近代性にも、また前近代性にも属し、顕著な連続性を示している、と。スミスは、これらエトゥニーの起源は問題にしてはいない。彼は、これを自然の所与と見なすような原初主義者ではないが、一個のエトゥニーが形成されると、その存在は幾世紀にもわたって存続するのだと主張する。というのも、エトゥニーを構成する神話、象徴、記憶、価値といったものは、きわめて緩慢にしか変化しないからである。

（1）英語の ethnic group の語も使えたであろうに、スミスが、フランス語の ethnie という用語を使っていることは、あらためて考えると興味ぶかい。

スミスの図式では、これらエトゥニーは近代的ネーションの土台をなすものである。近代的ネーションは、すでに存在していた諸エトゥニーの成功せる、官僚制化の結果にほかならない。言い換えると、ネーションは旧エトゥニーの近代的転形にほかならず、後者は、いわば生き延びるために、近代性に適合する市民的なモデルを採用しなければならなかったのだ。エトゥニーがネーションへと変容するのは、国家形成の過程を促進するためである。そこで、スミスは、その決定的時点が一エトゥニーの成員の市民への転形にあるような、そうしたネーションの系譜を跡づける可能性を示唆している。

だが、それに反して、他の多くの研究者は、ナショナリズムが古い民族の延長物だというこの主張を、断固として拒否している。彼らにとっては、近代的ネーションの創出は、ほかでもない、伝統的な民族アイデンティティの消失を前提とする。この消失は近代化つ過程を促進するものである。ナショナリズムの出現において、伝統的民族がある役割を演じるとしても、どのみちそれは、ナショナリズムの出現を充分に説明してくれるものではない。

ある研究者にとっては、ナショナリズムは近代宗教の一つであり、ナショナリズムの登場は、そのようなものとして説明されなければならない。別の者から見ると、ナショナリズムは、近代国家の形成か

テクノロジーとメディアの発達に基づく個人の間接的関係の一般化、のような一連の社会的・文化的な

の近代的現象がわれわれの前にあるのであって、その出現と意義は、近代国家の形成、個人主義の出現、

ナショナリズムの登場は、それに先だって存在する民族の特性《エスニシティ》によっては説明できない。まさに二つ

したいと思う集団の文化的素材をつくりあげ、そのなかで、自己の権力の増大に努めるのである。

とナショナリズムは、エリートの操作の産物であるという共通性をもっており、エリートたちは、代表

憶に訴えるとき、より明瞭に現われる。ポール・ブラス（一九九一年）が強調するように、エスニシティ

うように国民ハビトゥスを形成しようとして、再構築された民族アイデンティティや、国民の歴史的記

といったものではない。この関係は、ナショナリズムの言説を操る政治的行為者が、彼らの利益にかな

れる。けれども、両概念の関係は、スミスのいうようなエトゥニーとネーションの歴史的連続性の関係

結論的に言うと、エスニシティをナショナリズムから完全に切り離すことは不可能であるように思わ

として扱い、その根は経済のなかにあるとする。

てはどうか？　彼は、ナショナリズムを、民族によって強化された、虚偽意識に基づく二級の政治運動

み出したのがナショナリズムであって、その逆ではない。エリック・ホブズボーム（一九九〇年）にとっ

ばかりでなく、「高級文化」の創造のような、一連の文化変革にも基づくものであり、ネーションを生

らの副産物以上のものではない。ゲルナーにとっては、ナショナリズムとは、国家や産業社会の形成に

要因によって説明される。ナショナリズムをもっぱら独立変数、そしてエスニシティを従属変数とみなすよりも、むしろ双方をともに、同一化の類比的な過程を進行させる従属変数とみることが肝心ではなかろうか。

Ⅳ　エスニシティと「人種」

民族と「人種」（race）の定義、これは、時代によっても、それが問題となる地理的な状況によっても、変わる。とすれば、二つの概念の関係についての見方も同じであると思われる。もちろん、この両者の関係についての、さまざまな異なる見地の一覧表をつくることは、ここでの目的ではない。重要なのはむしろ、扱われるテーマについての考察の本質を総合する、対照的に異なる二つの知的見地を示すことである。

第一のアプローチは、二つの概念のあいだには根本的な認識論上の相違があると見るものであり、である以上、両者は明瞭に区別された研究領域に繰り入れられるべきである、とする。さらに言えば、人種関係の研究フィールドは、民族関係の研究フィールドから完全に切り離されるべきだということである。第二のアプローチは、どちらかといえば、これと反対に、「人種」はもろもろの様態の一つ、つまりエスニシティの特別のケースにほかならないとする見方を支持するもので、したがって認識論的には、人種関係の研究は、民族関係というより広い領野のなかに含まれなければならないとする。

この二つの見地の違いを説明するためには、そして、後者のアプローチに与《くみ》するかたちで論じるには、その思考のなかに、一般人の見方を映す観念と、分析的見方に立つ観念の区別を取り入れるのがよい。マイケル・バントン（一九七九年）に言わせれば、社会科学は、しばしばその用語が多少とも漠然とした一般的意味で使われたり、また、時にはより厳密に技術的意味で使われるため、おびただしい問題に出会う。だから、同じ言葉が通俗概念として使われることもあれば、分析概念として使われることもある。社会科学によってつくられた専門用語が、メディアによって借用され、その相対的正確さが影響を受ける場合もある。また他のケースとして、社会科学の専門家が通俗概念に専門的な意味を与え、またはこれを修正するなどして、用いることもある。この場合、「人種」という言葉が、通俗概念としても、分析概念としても使われることは疑いないが、エスニシティという語は、すでに強調したように、依然として、専門家の世界に大きくゆだねられている。

なお、社会科学の専門家は、分析概念をつくり、それによって作業を進めなければならないことは言うまでもない。科学的手続と通俗概念の使用とは、相容れないからである。ところが、「人種」とエスニシティのあいだに認識論的な区別を打ち立てようとする見地は、まさに、「人種」の通俗概念の借用に拠りながら、「人種」に分析的位置を与えようという試みに拠ろうとしているように思われる。

たとえばM・G・スミスの言うところを聞こう(in J. Rex & D. Mason, 1986)。「人種」とは、遺伝する一連の表現型的特質に基づく生物学的概念であり、それらの特質は環境の影響からは区別され、これに強く抵抗するもので、また、人類のさまざまな亞種を区別することを可能にする。多人種社会においては、人種的な相違と同一性は顕在化し、変わりにくく、明瞭である。とすれば、このアプローチにおいては、「人種」は遺伝的な基礎、またはその他の決定論的・固定的基礎によって特徴づけられる身体的なカテゴリーということになる。

エスニシティについてはどうか。スミスによれば、それは、一民族集団の成員たちが共通の祖先、共通の遺贈物、共通の文化的伝統の存在を信じているということ、そのことを指す。また、彼らは、他者によって、それらの特質を分有しているものと見られている。「人種」とは違い、しばしば潜在的であって、状況的で変化しやすく、また、曖昧なものでもある。

だから、スミスは「人種」を、所与の人種カテゴリーの成員たちに共有される身体的、生物学的、発生論的特質と遺伝的表現型によって、客観的な用語で定義する。反対に、エスニシティは、なによりもまず、民族集団の成員に共通するとされる歴史と文化への主観的信仰の問題であろう、と。

そこでスミスは、当然にも、人種関係の研究と民族関係の研究をはっきり区別することを主張する。前者は異なった人種の成員間における関係にかかわるもの（アフリカーナーとズールー人、白人と黒人など）、後者は同じ人種に属する下位集団間の関係にかかわるもの（ポルトガル人とスペイン人、ズールー人とホサ人、セルビア人とクロアチ人など）でなければならない。

スミスによって提起されたエスニシティの概念は社会科学に属する分析的カテゴリーとして受け容れられるように思われても、彼の「人種」の概念は、そうはいかない。後者は、彼の眼には社会的概念としてではなく、まさに、一生物学的概念であることが強調されていた。しかし、そのようなものとしての「人種」は通俗概念に属し、分析的概念には属さない。実際、エール大学の人類学者によって用いられる「人種」概念が、常識のなかにだいぶ広がっていることを確認しなければならない。これは、十九世紀には科学的であると考えられ、人種偏見とステレオタイプのおかげで、かなりの効果をもって再生産された「人種」の見方が、常識のなかに移行したことの結果である。しかし、生物学者たちがいみじくも示したことは、十九世紀に人びとが理解していたような「人種」の概念は、人間に適用しても、何ら意味をもたないということである。したがって、スミスは、社会科学においても、自然科学においても何ら科学的根拠をもたないような「人種」の通俗概念を、自分の責任で取り上げたと言えるが、結局、この基礎の上に彼が打ち立てた認識論上の区別は社会科学の専門家を満足させるにいたらない。

むしろ、ある認識論的観点からは、「人種」とエスニシティは区別できないこと、このことを認めるほうがより納得のいく解決と思われる。どちらの概念においても、決定的なことは、人種的および民族的アイデンティティの相違または選択が変わりにくいという認識である。観察されたと見なされる相違と、その解釈の仕方は、分類される人びとよりも、分類をする主体によりかかわっている。

民族関係とは相違の社会的な構築の結果にほかならない、ということが明瞭になるや、表現型は、民族的な境界のもろもろの標識の一覧表の中の多くのものの一つと見ることができる。この場合、「人種」は、表現型の観点からは相違していると見える、他者から相違していると見なされる一社会集団と解釈される。それゆえ、表現型上における相違の社会的な構築としての「人種」は、エスニシティの最も重要な側面の一つ、エスニシティに関するより広範な歴史的・文化的現象の諸基準の一つとなる。その場合、「人種」は、社会諸科学の一分析的概念となるが、それは、これを包括するより広範囲の概念であるエスニシティと相並んでのことである。

それはこういうことである。「人種」とエスニシティの区別は、認識論的には正当化できないが、この区別は通俗用語法のなかでは相変わらず行なわれ、アカデミックな語法においても部分的に生きている。たとえばアメリカでは、「人種」は、黒人とアジア人に貼り付けられるもので、すなわちアジアとアフリカという、多少とも遠い出自をもつアメリカ人へのラベルなのだ。それに反し、民族のラベルは白人にも貼られるが、とくに、ワスプを除いた、ヨーロッパ系移民から多少とも距離のある子孫たちに対してである。イギリスでは、人種関係という表現は、一九八〇年代までは、白人イギリス人と、旧イギリス植民地出身の肌の色のより濃い移民たちの関係を指したが、その植民地とは、インド、アンティル諸島、アフリカといったように、多様な地域にわたった。こんにちでは、民族関係という言い方が、少なくとも部分的に人種関係という言い方にとってかわる傾向にある。

肌の色に基づく市民のカテゴリー化を可能にする「人種」と、文化的相違の構築をもとにした市民の区別を可能にするエスニシティ、この両者の区別は、認識論的一貫性の問題を超えて、ある社会的文脈の下では社会学的・政治的重要性をおびてくる。たとえば、アメリカでは、白人のエスニシティと黒人のそれは、同じ意味をもたない。メアリー・ウォーターズ（一九九〇年）の示すところでは、白人の民族所属は、こんにち大幅に、任意の、主観的で、柔軟で、動的な個人の同一化の問題となっており、個人がそれを欲しなければ、本人にとって社会的に重要な意味をもたない。それに反し、黒人のエスニシティとは、しばしば、彼らの人種的同一化と関わりなくなされる民族的烙印の問題であって、個人的選択よりも、拘束に属する。そしてまた、彼らの社会生活や職業生活に影響を及ぼす、より硬直した、静態的なものであるように思われる。言い換えると、こんにちのアメリカ社会では、肌の色という人種的基準に基づくエスニシティは、文化的象徴への同一化という基準に根ざすエスニシティのそれとは大いに異なる帰結を生じているのだ。

この現在の状況は、アメリカ特有の歴史的発展によって生み出された結果である。事実、奴隷という状態は黒人のみに関わったことであり、彼らは最初から、形成途上にある国民的想像世界からは排除されていた。たしかに、ヨーロッパ出自の労働者も、ワスプ・ブルジョワジーの押し付ける苦しみや抑圧を感じてはいた。けれども、彼らの運命は、つねにアメリカ国民のなかに一体化された運命であった。アメリカンイデオロギーにおいては、たしかにヨーロッパ系移民が文化的な特殊性を示すと、それは貶価されたが、当初から、彼らを多少とも強制的に同化させることは、達成すべき目的とされていた。それに反して、黒人は、支配的な文化を大幅に共有していても、国民からは排除されていたのだ。とすれば、「人種」とエスニシティは、アメリカの政治生活に関するかぎり、同じ意味をもたず、同じ範囲を示すわけでもない。黒人たちのエスニックな動員は、かつての奴隷状態の忌まわしい遺産を逆手にとる試みとも解釈されるし、また、あるいはアメリカ国民から完全に距離を置く一構成要素とも、あるいはみずからの運命を握っている独自社会(société distincte)とも、認められる。それとは逆に、ヨーロッパ系移民の子孫たちにみられるエスニックな動員は、彼らに対して比較的開かれた、競争的であるような政治システムのなかで、彼らの集団の物質的な利益を獲得することを目的とした。

黒人のエスニシティ、すなわち「人種」と、白人のエスニシティのあいだに、決定的な社会学的・政治的相違があるが、これは、われわれの見るところ、「人種」とエスニシティの両概念のあいだの認識論的な区別を是とするものではない。反対に、両者は、前者が後者の特殊な一側面をなすという関係にある。アメリカの場合で言えば、エスニシティのこの特殊な側面は、該当するアメリカ人、すなわちアフリカ系アメリカ人の生活と社会的位置に決定的な影響を及ぼしている。それだけでなく、アメリカ国民のイデオロギーの社会的生産にも影響を及ぼしている。

エスニシティについての以上の概念的検討を、社会諸科学で用いられる他の観念と比較しながら完全なものにするには、社会階級と性の概念を考察の対象とする必要がある。以下に続く二つの章では、これが対象となる。

第五章　エスニシティと社会階級

かれこれ二十年以上前から、社会階級とエスニシティの概念のいずれがより重要であるかをめぐって、一つの活発な議論が行なわれてきて、「階級対民族のディレンマ」と、ある人びとが呼ぶようなものを惹起した。一方には、民族に関わる見方を擁護する人びとがいて、現代社会では、とくにエスニシティが重要であると主張する。それによれば、主要な社会的対立は、民族的な区分線に沿って生じており、また、エスニシティは社会的・集合的行動の主な源泉をなしているという。これに対し、社会階級の用語による社会的対立の分析を擁護する人びともいる。その多くは新マルクス主義思想の潮流に関わる人びとであり、正統派マルクス主義が民族の軽視の態度をとったことを進んで認めたうえで、社会的世界を説明する試みにおいて社会階級の概念の中心的な位置は保ちたいとしている。

「エスニシティ派」にとっては、マルクス主義的ユートピアも、自由主義神話も、ともに民族の抵抗と革新の力を過小に見るという誤りを犯していた。マルクス主義者のほうは、プロレタリア国際主義が至るところで実現することを欲し、この願望を現実と取り違えるという誤りを犯した。彼らにとっては、見かけ上の文化の多彩さや言語の相違が存続することはあっても、社会的・政治的帰属意識の形成の触媒となるのは、経済的カテゴリーである社会階級にほかならない。自由主義者の場合、「坩堝《るつぼ》」の必然的な性格を信じこむあまり、現実がそうした道をたどってはいないということに気づかない。このため、共産主義陣営の凋落が生じるまで競合状態にあったこれら二つのイデオロギーは、知識人の考察に対し、掩蔽の効果を生じた。彼らは、民族的な現象を無視しつづけたが、にもかかわらず、この現象は社会の発展につねに決定的な影響を及ぼしてきた。というわけで、「エスニシティ派」は、世界の至るところで勃発する民族的紛争に驚かないし、現代世界におけるエスニシティの重要性の認識を妨げてきたイデオロギー的偏見を知識人たちから取り除くのに時間を要したことにも、驚かない。したがって、民族の再生について語ることは実は誤りである。民族、それは、こんにち最も強力な政治的動員原理の一つでありつづけており、おそらく将来もそうだろうからである。それに反し、これを認識するのに社会科学が無力であることを強調するのは正当であると思われる。ただし、その無力さもしばらく前から克服されはじめている、と。

なお、「エスニシティ派」によれば、製造業に基礎を置く工業社会からサービス経済に基礎を置く脱工業社会への移行によって、社会階層化原理や社会的格付けシステムとしては、社会階級よりもエスニシティが相対的に重要性を増した。言い換えると、工業時代にあっては、社会階級が社会階層化の主要な源泉であって、いずれにせよ社会階級はそのようなものと表象されていて、そのことから、民族に関わる現実の適切な考慮は阻まれていた。それにひきかえ、脱工業化時代を特徴づけるのは、社会階層化の主要な源泉としての、また政治的動員の源泉としての社会階級の民族への置き換えである。である以上、階級とは反対に、利害への訴えと感情的絆への訴えを結びつけるので、民族というカテゴリーが社会階級よりもより強力で、変化にもより強く抵抗するものとして現われているという。

「階級派」はどうか。その多くはマルクス主義の伝統に属し、つねに民族的、国民的な帰属を概念化するのに多大な困難を感じてきた。正統派マルクス主義者にとっては、唯一、階級所属が、真の人間経験の有意味な表現であった。民族は、プロレタリア革命への歩みを妨げようと資本の行なう大衆操作の結果である虚偽意識にほかならない、と。

しかしながら、第三章で見たように、マルクス主義的伝統もまた、民族についてより精練された見方を提出しているのであって、その出発点は、実は、民族の次元と階級の次元を結びつける必要を認めたことにあった。なお、関連して、現実の共産主義が崩壊して、多くのラディカルな研究者が民族関係の研究にいわば再回心し、階級闘争というフィールドを放棄したことも挙げられる。というわけで、階級的搾取の糾弾は次第に民族差別の糾弾にとって代わられ、反民族差別が、ある左翼の人びとにとっては新たな戦闘場となっていく。彼らは、かってはこれらの問題に関心がなく、さらには民族の違いについてのいっさいの表現にさえ反発していたのだ。

いずれにせよ、科学的考察の状態よりもしばしばイデオロギー的立場を反映し、各次元が重要性をおびる多少とも複雑な現実を単純化しがちである以上、エスニシティ派の還元主義も、階級派の還元主義も避けられるべきである。先ほど触れたエスニシティの「脱掩蔽」は、必ずしも、社会的格付け原理としての社会階級の凋落と合致するものではない。たしかに、脱工業社会における経済の変容と社会諸階級の変化のために、集合的動員原理としての社会階級の意義は変わってきている。だが、社会階層化の客観的な基軸としては、依然として中心的な位置にある。民族については、これは、社会的格付けの原理、集合的動員の原理としては、「脱掩蔽」の対象であった。ただし、その意義もまた過大に評価されてはならない。

とすると、重要なことは、もはや階級所属と民族的つながりのどちらを選ぶかということではなく、二つの次元が、どのように互いに結びつき、互いに変容し合うかを見て、検討することである。さらに、社会的階層化を説明するうえで両者のそれぞれの妥当性はどうか、個人のアイデンティフィケーションの原理として、また民族ないし階級のアイデンティティ構築による集合行動の動員として、それぞれの妥当性はどうか、に検討を加えることである。

しかし、階級によるアプローチとエスニシティによる見方とを結びつける必要があるからといって、階級とエスニシティの両概念を一つのものと見てよいという意味ではない。実際、両者は入念に分析的区別がなされなければならない。およそ社会階級の理論は、マルクス主義的発想によるものであれ、ウェーバー的発想によるものであれ、社会的ハイアラーキーの観念、すなわち社会階級間の垂直的格付けの観念に基づいている。なお、権力は必然的に社会階級間に不均等に配分されるものである。それに反し、エスニシティは、必ずしも民族集団の垂直的な格付けに拠るものではない。民族間の関係はきわめて平等主義的であることもある。

なるほど多民族的社会の多くを見ると、民族間の関係は平等的ではなく、民族所属は個人および民族集団の垂直的格付けの様式としても使われている。ただ、社会階級の場合、垂直的な配置の基準が経済的な種類のもの（所有、経済的能力、社会経済的地位）であるのに対し、エスニシティの場合、それは文化的、「人種的」なたぐいのものである。その相違の客観性がどうであれ、民族集団の垂直的格付けの基礎となるのは、個人および集団に貼り付けられる文化的ないし「人種的」相違である。

第六章　エスニシティと性

こんにち、社会生活、政治生活における両性間の不平等に関連した諸問題の研究は、社会諸科学の理論と実践に、かなり大きな位置を占める。これは、ことにアングロ＝サクソン世界では、大学において、「女性学」の数多くの学科展開の枠のなかで、すでに制度化されている。だが、つねにそうだったというわけではない。この、性という次元の重要性の社会科学による承認は、実は、多分に政治運動としてのフェミニズムの成果であって、この運動は社会科学の女性専門家たちの大幅な動員に基づいていた。つまり、社会諸科学におけるフェミニズム理論の発展は、政治的フェミニズムの発展と密接に結びついたものだった。

この知識人運動の基本的貢献の一つは、性とジェンダーの観念のあいだに区別を導入した点にある。性の観念は生物学的であり、それはオトコ、オンナの区別に帰着する。ジェンダー（gender）という概念——その字義どおりのフランス語訳である genre〔英語の gender と同様、genre も本来文法上の性を指す〕は社会諸科学に広く受け容れられてはいない――は、性的な相違が、社会的に表象され、組織される仕方を指す。したがって、男性と女性の社会的諸関係に好都合なように行なわれる性の社会的構築を指すものである（F. Anthias & N. Yuval-Davis）。とすれば、この章の考察テーマをなすのは、ジェンダーそのもの、およびそれとエスニシティとの諸関係なのであるが、以下では、フランス語圏の用法を尊重して、性（sexe）という言葉を用いることにする。

ついでに言うと、「ジェンダー」の概念がフェミニズム運動に関わっている女性研究者たちによって展開され、たいてい女性の社会的・政治的地位と関連して用いられてきたのはある程度当然である。ただし、認識論的に言えば、この概念が、社会における男性の位置に関して用いられることにも、何ら反対すべき理由はない。

ところで驚くべきことに、一九八〇年代初頭まで、フェミニストの著作や女性学のなかでエスニシティと性の関係は、事実上、なんの注意も向けられなかった。この欠落は、十九世紀のブルジョア・フェミニズムの現代フェミニズムへの影響によって、一部説明される。実際、十九世紀のフェミニズムは、好んで、すべての女性は、民族や階級への所属のいかんを問わず男性に対する共通の従属のため、当然に根本的に一つに結びつくものと考えていた。この、一にして不可分の「女性の友愛」という観念は、その後現代フェミニズムにも踏襲され、そのため、エスニシティや社会階級のような当然ながら考えられる従属の別の次元が考慮されるにいたらなかった。女性の位置は、あたかも、区別なき一体のカテゴリーをなすかのように研究されたのである。

この見地は、階級的搾取と女性の従属を結びつけて研究する必要があると説く社会主義フェミニストから批判された。なお、人種差別主義とエスニシティが女性間関係および異性間関係に与えるインパクトについては、一九八〇年代を通じて展開された黒人フェミニストの活動の結果、認められるようになった。後者はしばしば、中産階級出身である白人女性によって展開されるフェミニズム理論に、激しく異を唱えた。エスニック・マイノリティに属する女性に対する抑圧の特有の性質を無視しており、そのことによって、社会のなかに現存する人種差別主義を再生産している、と。

これと同じ具合に、エスニシティ、さらに広くは国際移民とその帰結に関する文献も、他の社会諸科学全体の例にもれず、長いあいだ、性的な次元の特有性を無視してきた。

ともあれ、エスニシティと性のもろもろの関係は、以下、三つのレヴェルで検討される。第一に、両者のあいだにある主だった概念上の類似と乖離が明らかにされる。第二に、エスニシティと性の交錯の問題についての、さまざまな見解が整理分類される。第三に、分析の最後では、民族的諸過程に対して女性が関与する種々の形態が対象とされる。

概念のレヴェルでは、性は、エスニシティの場合と同じく、三つのレヴェルで分析の対象とされなければならない。微視社会的レヴェルでは、各々の人間存在は、男性というカテゴリー、または女性というカテゴリーに属する。人間のこの区分から生じる性アイデンティティは、個人のアイデンティティの重要な一次元をなす。中間社会的レヴェルでは、西欧世界および地球上の他の地域におけるフェミニズムの歴史が示すように、性は、政治的動員を基礎づける集合的アイデンティティとなりうる。そして巨視社会的レヴェルにおいては、性は、多少とも構造化された分類と、序列化のシステムをなしている。ただし、ここでは、エスニシティと性は、パラレルな社会的格付けのシステムとはならないことを指摘しなければならない。むしろ逆に、両者は、クロスする関係となり、したがって、後に見るように、個人の地位は、しばしば性的な所属と民族的な所属の双方に同時に規定されることになる。実際上はどうかというと、そこに社会階級も含めるべきであろう。この社会的格付け諸システムの交錯の実態を明らかにしようとすると、簡単には解くわけにいかない困難な経験的な問題が生じる。たとえば、黒人の女性外科医と白人の男性園芸職人の、いったいどちらがより高い社会的地位を占めているか、といった問いには、どんな単純かつ絶対的な解答も与えることはできない（T. Eriksen, 1993）。

以上の三つのレヴェルにおける分析という共通の必要性を越えて、さらに、エスニシティと性は、いま一つの根本的な共通点を示している。エスニシティに基づく相違と社会的不平等も、性に基づくそれらも、しばしば、相違と不平等の自然的・生物的基礎をめぐる多少とも暗黙的な前提観念に基づいている。言ってみれば、両性間の社会的不平等は往々にして、両性間の生物的相違と、人類の生物的再生産の結果であると認知されがちなのである。これと似て、民族集団間の社会的不平等も、よく、それらのあいだの自然的境界と、それらの各々の文化の自然的特性の結果と見なされる(F. Anthias & N. Yuval-Davis, 1992)。言い換えるなら、エスニシティも性も、しばしば自然主義的・原初主義的なイデオロギー的解釈に適合するということである。とすれば、そうしたイデオロギー的解釈をエスニシティの場合について否定したように、少なくとも性の場合についても、その解釈の妥当性を検討しておいたほうがよいだろう。

なお、民族と性の所属における個人の選択はどうか。この点において、性とエスニシティは区別されるのであり、メアリー・ウォーターズの仕事は、エスニシティがある種のケースでは選択の問題となることを明らかにしている。それに反し、性的所属は明瞭であって、性転換者を例外とすると、個人の選択にはよらない。とは言いながらも、性に帰せられる社会的・政治的役割は、民族集団に帰せられる社会的・政治的役割と似て、つねに同一というわけではない。それは、変化するのであり、とりわけ、関係する性的・民族的カテゴリーの政治的動員との関係で変化することがある。

さて、その上で、性とエスニシティの交錯の仕方について見てみるとしよう。まず一つには、両性間の関係がどれほど民族的諸関係に影響を及ぼすのかということが問題あり、いま一つは、両性間の関係が民族に応じてどう異なるかということが問題ある。以上の点について、シルビア・ウォールバイ（in A. Smith (ed.), 1992）は、発表された学術的研究のなかに見られる、主な五つの立場を挙げている。その第一は、性はエスニック関係になんの影響も及ぼさないという考え方に立つもので、第二の観点は、それと完全に対称的に、エスニシティは両性間の関係の性質になんら有意味な影響は与えない、とするものである。ということは、両性間の不平等は、あらゆる社会、あらゆる時代にあって、共通の特性をなしていたというのだろうか。すべての女性は民族の違いを越えて同じ抑圧を分けもっているというわけである。第三の立場は、民族、性、社会階級といった格付けと、支配の社会的メカニズムの効果は、互いに重層的に作用する、と主張するものである。民族マイノリティの女性は、二重の抑圧（性的、人種的）、三重の抑圧（性的、人種的、社会階級的）をこうむっていることを明らかにした研究者もいる（E. Glenn, in F.Pincus & H.Erlich, 1994）。この視点は、人種差別主義は、女性たちのある部分のみを襲うかぎり、女性間の差異を生産するものであることを示唆している。その例としては、アメリカにおける白人女性と黒人女性の関係が挙げられる。両者は雇用市場のなかで同じ経験をしているわけではなく、雇用市場の人種差別的構造は、前者に対して相対的に有利に働いている（S. Walby, 1990）。西ヨーロッパについては、アニー・フィザックリア（一九八三年）が、雇用市場における女性は、しばしば男子移民労働者に対して、および地域の女性に対して、二重の従属的な位置を同時に占めていることを明らかにした。のみならず、彼女たちの第一の役割は、配偶者ないし母親の役割であって、労働者としてのそれではないとしばしば考えられている。である以上、自身が報酬を得る職業活動を行なっている場合でさえ、彼女たちの男性への経済的・法的従属は、当然であると見なされる。第四の立場は、女性間の民族的な相違のため、エスニック・マイノリティに属する女性の抑圧は、マジョリティに属する女性のそれとは異なる制度および場において行なわれるという観念を打ち出している。それゆえ、白人フェミニストたちは、よく、家族を女性の従属の主要な場として糾弾する。ところが、アメリカの黒人フェミニストたちは、逆に、彼女たちにあっては、家族は連帯の場、人種差別と戦う抵抗の場と考えられているとする。「女性同士の友愛」という観念と結ぶことの危険、マジョリティの女性の経験に基づいて一般化することの危険を、彼女たちは再度強調したのだった。言い換えると、女性の民族所属が何であるかに関わりなく妥当するような性的支配の図式は必ずしも存在しないということである。そして最後の立場は、民族関係と両性関係は相互影響的であることを認めるものである。

この立場は、とくにニラ・イヴァル＝デイヴィスとフロヤ・アンティアス（一九八九年）によって唱えられた。彼女たちは、民族的過程への女性の関わりの五つの様相を明らかにすることによって、性は民族的関係に対しても重要であり、またその逆の関係もいえる、ということをみごとに論証している。第一に、民族集団の生物的再生産における女性の貢献は、不可欠である。ある種の状況下では、所与の集団の成員数を限定することを目指す政策が実施されることもあり、そうした枠づけのなかで、その集団の女性の再生産活動に制限を加えようとする措置が適用されることがある。同様に、所与の一民族集団の人口増加が、女性のあいだの出生率を刺激することで促進されることもある。第二に、民族集団間の境界の再生産においても、女性の役割は決定的である。所与の一民族集団の女性たちが、他の民族集団の男性との性的関係をしばしば厳しく統制され、さらには禁止されるのも、ここから説明される。また、敵対民族集団の女性の凌辱という手段が、もろもろの民族紛争で共通に利用されるのも同様である。女性が民族境界を再生産する存在である以上、その肉体の凌辱は、民族境界の破壊と解釈されうるし、犯された女性たちの集団の消滅を象徴するものでもあろう。とすれば、セルビア人兵士によるムスリム女性の凌辱は、両集団間の境界を揺さぶるとともに、ムスリム民族に対するセルビア民族の力の優位を象徴するものであろう。第三に、女性は、民族イデオロギーにおいて、また一世代から次世代へのエスニシティの伝達において、基本的に重要な役割を演じる。もっと厳密に言えば、エスニシティは、先行諸世代の歴史的運命によってつくられた社会的所産であって、母親と子どもという、二人の人間存在間の特別な一関係を利するような社会化によって伝達される(D. Juteau-Lee, 1983)。第四に、女性はしばしば、民族集団の構成、再生産、変革を目指すイデオロギー的な言説のなかで、象徴として用いられる。たとえば、ナショナリストの操るレトリックは、母なる祖国への隠喩にみちみちており、「わが」妻、「わが」

子を、圧政者の手から守らねばならぬという必要性を訴えている。そして歴史に示すところでは、女性たちは民族的・政治的・経済的・軍事的闘争に積極的に参加している。だから、民族解放運動における彼女たちの役割は、しばしば大きなものがあった。けれども、民族およびナショナリズムに関わる構想・展望に、必ずしも男性と同じように同一化するわけではない。なおまた、構想・展望がどうあるべきで、どんな形式をとるべきかを決めなければならないとき、女性の意見が尋ねられるのはまれである。

結論的に言えば、エスニシティと民族関係の研究は、性的な次元を考慮に入れないわけにはいかない。また、それと同じく、両性間の関係の研究は、民族的次元を考慮に入れなければならない。民族的過程と性的過程は、相互影響的なのだ。であるとすれば、エスニシティによる分析と、性による分析は、社会階級による分析の貢献部分を覆い隠さないかたちで、結びつけられなければならない。

現代社会諸科学において、エスニシティ概念の使用によって生じる概念的、認識論的、理論的な諸問題の地平を、これで一巡したことになる。この本の最終章は、いわば、現代政治において現に作用している民族的なものについて考察を割くこととする。

第七章　エスニシティ、政治、紛争

約一八〇にも及ぶ国連加盟国のうち、民族の点から見て均質な政治体を構成しているといってよい国は、きわめてまれである。それらの例外が、かえって、現代国家は民族的異質性を原則としていることを確認させてくれる。したがって、民族的に純粋な社会は、多民族社会にくらべて合意を達成しやすいから、より有効な社会である、といった見方は、科学的に証明済みではなく、まさしくイデオロギーである。こうしたイデオロギーは、いかなる代価を払っても権力を欲する政治指導者によって、しばしば民族浄化の政治戦略、戦争戦略に用いられる。

次のことを認めなければならない。国際社会のなかで最大部分をなす多民族国家の多くでは一般に民族紛争が起こりやすく、紛争は不可避で、永続的で、制御しにくいなどとよく言われるが、それは事実とはほど遠い。その点について、共通に挙げられる四つの理由を順次検討しよう。

第一に、民族集団を対立させる紛争の数は、ここ数年、世界中で大幅に増加した。紛争が関係している争点は、一地域の支配、政治的意思決定への参加、文化的・言語的ないし宗教的独自性の承認、経済的自立の意志といった具合に、きわめて多様なものにわたっている。といって、地球上のすべての多民族国家が、民族に関わる用語で表現されるような紛争に見舞われるわけでもない。この点、西欧のいくつかの多民族社会は、むしろ、これを構成する異なる民族集団間の、多少とも調和的な共存によって特徴づけられる。たとえば、スイスとベルギーは、いくつかの異なる民族集団の利益の代表を保障するための、制度メカニズムを設けている。両国でも、たしかにある種の状況の下では民族対立が顕在化することがあるが、しかし今日までのところ、対立の表出は、民主主義というゲームにおけるルールの厳しい枠組みのなかに維持されている。アフリカでは、モーリシャス〔マダガスカル島の東のインド洋上の共和国。旧仏領、次いで旧英領、一九六八年独立〕が、特徴的なアイデンティティをもちながら、他集団の拒否に陥らぬようにと自制する諸集団のあいだの調和的な民族共存を実現している興味深い例である。その他、多民族国家チェコスロヴァキアの分割にいたる政治過程は、暴力に拠ることなく行なわれ、二つの新国家、チェコとスロヴァキアを誕生させた。そして両国では、民族マイノリティ、とりわけロマ〔ジプシー〕の権利尊重の問題は、いまのところ、いくつかの隣国よりも穏当なかたちで提起されている。

いまわれわれは、民族紛争の全面化という時期にはないといっても、それは、当面、西ヨーロッパで民族紛争の可能性がそれ以外の世界の諸地域ほどは広がっていないからだ、ということを指摘しなければならない。それに、紛争が起こっても、それは他の地域ほど激烈なものではない。しかし、この事実確認が正しいとしても、西欧諸国は、その過去にあまねく経験したような暴力の炸裂からもうまぬがれるだろう、と考えるわけにもいかない。ヨーロッパと北米のある種の都市的状況のなかでは、いままさに民族関係の急速な悪化が起こっており、そのことは、世界中のいかなる地域も民族紛争の勃発に対して鉄壁だなどと考えられないことを思い起こさせる。

また、こんにち進行中の民族紛争がメディア的に訴える可視性と極度の劇的性格をもっているからといって、それが社会紛争の唯一の形態であるなどと考えてよいわけでもない。階級対立はたしかに変わり、都市内部へと移行はしたが、にもかかわらず現存していることに変わりはない。男性、女性のあいだの対立は、より穏やかなものだが、これは、むしろコーポラティズム型であるような紛争〔国家、労組、経営団体、職能団体のような団体、あるいは機関のあいだで資源や権限の配分をめぐって生じる紛争〕のすべてとともに、いま一つ別の紛争化可能性の次元に属しているのだ。

第二に、民族紛争は必ずしも避けがたいもの、抗しがたいものというわけではない。一つの民族的相違でもつねに民族間の紛争を生む、とする「エスニシティの鉄則」(S. Steinberg, 1989)は、少なくとも修正が必要である。フロイド・オルポート〔アメリカの社会心理学者、一八九〇〜一九四八年〕によれば、われわれの意味が彼らの意味を前提として成り立っている以上、民族的なアイデンティティと所属は、おのずと、われわれと彼らのあいだの紛争へと帰結するという。だが、先ほど引いた調和的な共存の例は、それだけ、この「エスニシティの鉄則」を経験的に否定するものとなっている。

民族的相違と民族紛争とのつながりは、ある人びとが想定するよりも、はるかに自動的なものではないこと、これは間違いないように思われる。よく伝統的な先祖代々の民族的憎悪の噴出と見られるものも、実際はしばしば経済的・政治的な対立を現わしている。たとえば〔ルワンダの〕フツ族、ツチ族間の憎悪は、紛れもないものと見える。けれども、もしも社会的地位、政治的力、経済的資源における両民族間の構造的不平等がなかったなら、一九九四年のような、もろもろの残虐行為〔多数派フツと少数派ツチの憎悪・衝突がこの年頂点に達し、五十万人の死者、一八〇万人の難民を生んだ〕が導かれただろうか。言い換えると、民族の分化と階級の分化が重ね合わされていると、階級紛争は、民族紛争の形式をおびやすいということなのだ。実際、紛争がついに現実に避けられなくなるのは、民族集団が、地位、富、政治権力において資源の不平等配分をこうむっている場合に限られる。民族的異質性が、民族集団間の一貫した不平等と符合しているかぎり、現行の、または達成すべき民主主義の規範と、多元的社会の諸要求とのあいだに緊張が生じるだろうし、それは、十中八九、紛争につながるだろう。

この民族的相違と紛争のあいだの関係以上に、より大きな問題として提起されなければならないのは、民族的異質性と政治的安定性のつながりである。型にはまった民主主義理論においては、民族的均質性が、政治的安定性の一つの社会的条件であると認識されている。この点、つまり民族的異質性は民主主義的秩序にとって一つの脅威であるとして、これを拒絶する見方を論じる前に、政治的安定性とは何かを定義しておいたほうがよい。

政治的安定性とは、四つの主要な次元を含む。第一に、安定的政治システムは、内からの暴力によって打撃を与えられることはなく、政治生活は、制度化された、比較的整合化されたかたちで展開されている。第二に、政府の寿命が長いこと、行政権力の主要な地位のレヴェルで交替率が低いこと、そこから生じる政治過程が連続性をもっていること。それらが政治的安定性の重要な基準である。第三に、安定した国家とは、政治行動の規範を定め、政治過程の帰結を正当化する、広く受け容れられた憲法秩序の存在によって特徴づけられる。第四に、安定した政治システムは、政府および政治諸制度間の関係という基本的構造において比較的、恒常性をもっている。

以上を確認したうえで、民主主義の理論が、エスニシティと政治的安定の関係についてどのように考えているかという点に戻りたい。主な三つの理由から、民族的異質性は、民主主義的秩序を政治的不安定にみちびくと考えられている。一つには、民族的異質性があると、安定した民主主義のために必要な政治的共同体の感覚が掘り崩されてしまう。第二に、民族的異質性は、民主主義の秩序の基礎をなす価値のコンセンサスを危地にさらす。そして第三には、民族的異質性が社会環境のうちに現われてくるとき、民主主義的秩序にとって忌まわしい効果を抑制することができなくなる。

以上の三つの民主主義理論の主要な論点について、検討を加えてみる。まず、民族的異質性と政治的共同体の感覚や、共通の政治的アイデンティティの感覚との関係についていえば、これは、実際に、国家の安定性にとって基本的重要性をもっている。集団の共通の運命へのこの主観的信念が欠けると、しばしば、共同体のために要求される犠牲を個人は受け容れなくなるだろう。兵役や納税が例として挙げられるが、いずれの場合も、個人はしばしば大きな犠牲に同意している。このことは、どのような言い方がなされようと、それらの犠牲を捧げるに値する一所属共同体の存在への当該個人の信念を証明するものである。国家の観点からは、この共通の政治的運命の感覚は国民統合と呼ばれ、市民の観点からは、政治共同体と名づけられる。

民主主義の理論によると、民族的に多様であると、この政治的共同体の感覚はいちじるしく減じられ、政治的共同体に否定的な影響を及ぼすという。とすれば、論理的な帰結として、文化的、民族的に異質な国家は政治的不安定へと運命づけられることになる。それゆえ、他方、民主主義の理論は、政治的秩序のためには文化的統一が必要であるとする。

ジョン・スチュアート・ミルは、『代議政治論』のなかで、民族と民主主義の関係について掘り下げたかたちで議論を展開している。彼によれば、自由と民主主義を尊重しようと思えば、国家の境界と民族の境界を一致させることが求められる。実際、民族が複数であることは、およそ民主主義を活性化すべきである政治共同体の感情を弱めてしまう。それだけではなく、これは、民主主義のよき機能にとってまったく同様に不可欠である平等の精神をも破壊する。異なる民族諸集団は彼らの利益を集合的利益よりも優先させ、集団への忠誠を国家への忠誠よりも上位に置き、他の諸集団を、権力を目指す競争相手と見なす傾向がある、と。ミルにとっては、民主主義と民族のあいだにあるこの緊張は、もともと避けられないものであって、それはただ一つの民族的・文化的アイデンティティへの同化によってしか、さもなければ、分離によってしか、解決されない。

次いで、彼は言う。同一の政治共同体への所属の感覚が民主主義の良好な機能のための基礎であるとすれば、社会の基本価値についての合意もまったく不可欠である。政治制度を支配する基本価値についての同意がなければ、政治に対する共通の必要な洞察もありえなくなる。

民主的制度の統治のためには、そして民主的な市民のあり方のためには、三つの中心的価値が欠かせない。個人主義が第一の価値であって、それは国家に対する個人の優越、国家に対する個人の自律を意味するものである。第二の中心的な価値は、平等である。これは、法の前におけるあらゆる市民の平等な扱い、一部の者が特権をもつことの否定、経済的・社会的正義のための社会参加、を想定している。そして、政治的異見への寛容が、第三の中心的な民主的価値をなす。たしかに、以上の三つの価値は、政治的安定を生むことのできる価値の範囲を汲み尽くしてはいない。しかしながら民主制の理論家たちの眼にこれらは最も重要なものと映っている。

民族的異質性は、民主的制度の安定性を支えている諸価値の均衡を乱すと見られるかぎり、不安定要因と認識される。実際、民族集団は、明白に区別される文化的実体と見なされている。それゆえ民族集団は、異質な価値と信念の体系もっていて、先に述べた三つの価値と対立を生じ、政治的不安定を生むことがあるというわけである。

民主主義の理論が民族的異質性を斥ける第三の理由、それは、異質性ゆえの政治的安定の阻害効果を政府が抑えることができないという認識にある。民族的多様性の忌まわしい効果を制御するため、たしかに、種々の手段が種々の政府によって思い描かれてきた。しかし、すべては大きな限界をもっている。諸集団への資源の公正な配分、同化、諸集団への地域自治の付与についても、同様である。

結論として言うと、アリストテレースに始まり、モンテスキュー、ルソー、マキャヴェッリ、ミルを経て現代政治学者にいたるまで、民主主義の理論は、つねに、民族的多様性が民主制の安定に及ぼす否定的な影響に警戒の目を向けてきた。この伝統のなかでは、民主制は実際には文化的一体性を想定している。だが歴史の示すところでは、民主制は民族的・文化的多様性に適応していくことができる。そして、まさしくここに、信念や意見の多様性を前にして寛容を説くべきか、それとも文化的・民族的多様性を突き崩すべきか、という民主主義理論のジレンマもある。

第三に、最近の中欧や東欧の国々の変化が物語るように、民族紛争は必ずしも執拗に持続するものではない。紛争の勃発と消滅は、経済的・政治的条件の変化に大きく規定される。旧ソヴィエト帝国では、民族対立は、およそ半世紀以上にわたって火消し壺の中に封じられていたが、共産主義体制が経済的に崩壊したことによって、民族的緊張が再生の姿を現わすこととなった。東における民族と激しいナショナリズムの主張は、共産主義ユートピアの経済的・政治的挫折の結果であって、体制崩壊が原因なのではない。東欧の場合、その国々の経済的・政治的変化を問うことなく、民族紛争はやがて消滅するだろうとか拡大するだろうとか予測するのは、危険である。けれども、もしも市場経済への移行が、経済的に強力なエリートと、惨めな生活水準におかれる多数の民衆を生みつづけ、政治的民主化が形ばかりのそれにとどまるなら、民族紛争が激しくなるのはまちがいないと思われる。実際、過渡期にあるこれらの社会の権力から排除された者が、限られた排他的な民族的・宗教的アイデンティティに自分たちの挫折感への補償物を見出す一方で、新しい支配階級は、政治的にも経済的にも、民族的細分化に陥っていることの傾向から利益を引き出すことができるだろう。最後に言うならば、民族紛争はまったく制御不可能というわけではない。なるほど、ルワンダやボスニアのように、暴力の最終局面にまで行き着いてしまうと、虐殺、衝突をやめさせるのは至難の業である。しかし、民族紛争のダイナミクスが、理解され、予測されるならば、それを制御し、調整するために、種々の政治的メカニズムを設けることは可能であろう。

結論として言うと、世界中で起こっている民族紛争がことさら目に触れるからといって、その危険は実際にあるにせよ、民族浄化が一般化する時代にわれわれが入ったということを意味しない。世界的規模での経済的・政治的不平等の再生産がある以上、他者への憎悪と、他者を滅ぼそうという意志に通じる民族的なるものの嫌悪すべき側面に光が当てられる恐れがある。しかし、反対に、地球レヴェルで、いま以上の社会的正義があれば、民族的なもののポジティヴな側面を、すなわち、ある民族のアイデンティティを選択する者にとっても、その正当性を認める者にとっても尊厳の源となるような正当で開かれたアイデンティティを、その正面にもってくることができよう。

結論

言うまでもなく、この小さな本は、現代世界における民族的主張が引き起こすあらゆる問題を、そして社会科学におけるエスニシティの概念の使用が生み出すあらゆる問題を、漏れなく扱っているわけではない。それは、本書の主な目的でもなかった。むしろ目的は、一つには、この世紀末の社会生活、政治生活、文化生活におけるエスニシティの重要性を示すこと、また、いま一つは、こんにちの社会的、政治的、文化的なもろもろの動態を理解する上で、エスニシティ概念が有効であることを明らかにすることにあった。その不完全さにもかかわらず、エスニシティの概念は、保持されてよいし、その考察分野のなかで新しいさまざまな観念の絶えざる貢献によって改善されていくだけの価値はある。

なおそれでも、社会生活における、その意義および概念の有用性を誇張しないよう注意したい。この概念が斬新さと流行を見せているのは、単に、フランス語世界の大多数の人びとがエスニシティについて深く考えはじめているからではない。エスニシティに焦点が当てられるからといって、こんにちの時代の社会的・政治的生活における、その他の決定的に重要な次元、たとえば社会階級、性、文化的グローバリゼーションなどを軽視してはならないのだ。研究者は、すべてをエスニック化し、社会的なものや政治的なものへの他のアプローチを斥ける、といった傾向に陥らないよう努めるべきである。

事実、多くの都市的状況の下で、民族的・宗教的アイデンティティに囚われた者たちが、ますます劇的にみずからを表現するようなっている、その同じ時点で、大衆文化のある種の画一化が進みつつあり、ある種のコスモポリタニズムが再建されつつある。民族的な個別主義の昂進は、しばしば、普遍化を志向する文化的・同一化的傾向によってバランスがとられており、後者をエスニシティ研究は無視してはならない。

それればかりではない。学問境界を越えるアプローチのみが、エスニシティ概念の説明力を増すことができる。これはまったく明瞭である。また、同じく、分析を微視、中間、巨視の次元に結びつけるのは当然である。実際、民族およびそれに基づく、社会的・政治的行動は、もっぱら構造的拘束の問題、さもなければもっぱら個人的・主観的選択の問題であることはけっしてなく、主意主義と構造的拘束、のあいだには、つねにさまざまな関係の絆があり、それらは右の三つのレヴェルの分析によってはじめて繋ぎ合わされるのだ。

分析は、超領域的で、多次元的であること。それによってのみ、エスニシティにあらゆる複雑さを与えている多様な相貌を考察の対象とすることができる。それは、ある場合には柔軟で、積極的で、またある場合には、不幸にも危険で、破壊的であることもある。民族現象を研究する際に、社会諸科学の直面する課題は、民族的なものの無害な表出を可能にする諸条件、民族紛争を結果するような民族所属の激しい欲求をみちびく諸条件、民族からおよそ社会的・政治的意味を取り除いてしまう諸条件、それらを明らかにすることにある。そうしたあとに、もしも民族憎悪の政治的策略家が登場してそれ以外の決定を下すといったことがなければ、社会諸科学は当然ながら、第二のルワンダ、第二のボスニアの予防に向けてある程度の貢献を果たすことができるだろう。ただし、残念なことに、第二のルワンダ、第二のボスニアは、近い将来いかにも出現しそうである。

訳者あとがき

本書は、Marco Martiniello, *L'ethnicité dans les sciences sociales contemporaines* (Coll.《Que sais-je ?》n° 2997, P.U.F., Paris, 1995) の全訳である。

「エスニシティ」とは、一般読者にまだあまりなじみがない用語かもしれない。フランス語圏の読者にとってもその点ではやや事情が似ている。しかし、フランスで四〇〇万人から五〇〇万人に上るとみられる南欧、北アフリカ、アジア等の出身の移民について、近年、研究者たちは「エスニックな出自」や、「エスニックな所属」という言葉を用いながら、各グループの生活、行動様式、文化の諸側面を探るようになっている（ミシェル・トリバラらの大規模な調査「地理的社移動と社会的編入」など）。日本でも最近、「エスニシティ」という分野呼称の下、韓国・朝鮮人、増加する中国、ブラジル、フィリピンなどの出身者の行動や文化の特徴を明らかにする社会学的研究が行なわれるようになっている。

近代社会の不平等や支配の仕組みを分析するのに、従来、生産手段や所得の配分を基準とする階級・

階層の観点が重視されてきた。しかし近代社会でも、アメリカのような多様な移民を通して形成されてきた社会では、民族的《エスニック》観点から見た「主流／マイノリティ」の関係がつねに階級関係に反映されていた。また、他の先進諸社会でも二十世紀後半から、国際労働力移動、難民等による人の参入によって、階級・階層と民族的属性との絡み合いが無視できなくなっている。そして時に、民族的なものが前面に出る、または象徴として主に操作される紛争も起こっている。あの「ロサンゼルス暴動」や、フランスの「イスラームのスカーフ事件」などがそれだ。エスニシティは現代社会の諸問題を分析する一視点として不可欠となっている。

とはいえ、「エスニシティ」という言葉は当のアメリカでも、エスニックという言葉が頻繁に使われるのに比べ、やや抽象名詞的、学術用語的に使われており、新造語（ネオロジズム）といってもよい。この語の学界での普及にはずみをつけたグレイザーとモイニハンの『エスニシティ――理論と経験』が世に問われたのは一九七五年にすぎない。一方、大陸ヨーロッパ（ことにフランス）では、「エスニシティ」はもとより、「エスニック」という言葉も最近まであまり使われなかった。その理由は、まさに本書の論証課題の一つであるが、ギリシア語「エトゥノス」（ethnos）――都市国家のモデルから外れる周辺者――以来の語感が影響を残していること、「エトゥニー」というフランス語が「人種」の婉曲的表現と受け取られ、ネガティヴな含意をおびていたこと、そして共和主義的「平等」の理念の下に、一社会の成員の属性的差異化を警戒する普遍主義が根づよいこと、が指摘される。

だが、今日、アングロ＝サクソンの社会諸科学では、エスニック、エスニシティの語を人種的意味合いから絶縁した用語として使おうとする努力がなされている。こうした動向はようやくフランスでも注目され、前述のような実証研究に一部反映されたほか、米英の研究動向にくわしい社会学者によって、積極的に紹介されはじめている。プティニャとストレ＝フェナルによる『エスニシティの理論』（PUF社、一九九五年、巻末の文献を参照）および、たまたま同年に著された本書がその嚆矢をなすものである。

注意を要するのは、次の点だろう。この「エスニシティ」は、言語、宗教等の文化的基準や身体的特徴の基準による人びとの分類であるとされるが、それらの基準も、たいてい社会的・政治的に構成されたものであることである。これは本書が強調するところである。

たとえば「ユダヤ人」とは、というと、ユダヤ教を信仰する人びとという回答は可能であるが、実際の定義は、イスラエル国民、パレスティナ人、アメリカの共和党の政治家などによって、それぞれみな違うだろう。また、ヨーロッパの移民人口にかなりの比重を占める北アフリカ出身のマグレブ移民はよく「アラブ」と呼ばれるが、そのなかにはアラビア語を母語としないベルベル系が四分の一程度含まれている。「マグレブ＝アラブ」は、ベルベル人の軽視、無視を含意している政治的な定義と見ることができる。また公式・非公式調査が使っている民族カテゴリーは、その国の歴史認識や対外関係を色濃く映している場合が少なくない。たとえばフランスで、言語も文化も決して同じではないベトナム、カンボジア、ラオス出身者がよく「南東アジア系」の名で括られるのもその例だろう。旧「仏領インドシナ」という括りが先行していればこそ、このようなカテゴリー化が依然として行なわれるのだ。

本書中に定義らしい文章を探せば、「エスニシティとは、常時最少限の相互行為が行なわれている他の諸集団の成員と文化的に異なっているとみずから見なし、他者からもそのように見なされている、社会的諸行為者のあいだの社会関係の一側面である」（本書二七頁）とある。

それゆえ著者は、エスニシティを固有の歴史と固有の文化をもった、それぞれ違いをもった人間集団と見なす「実在論的」なアプローチには警戒的であり、そうした傾向をおびた議論——学説からメディアや政治家たちの言説まで含めて——への本書の批判は手きびしい。その理由から、フレデリック・バルトの民族境界の理論などをすぐれた試みとして評価している。

とはいえ、エスニシティがつねに象徴的、名目的、操作可能的なものであるか、というと、そうとはいえない。社会的、政治的に構成されるエスニシティが固定され、構造化される場合は少なくない。欧米諸国における「アフリカ系」や「アジア系」といわれる人びとは、固定的レッテルから免れることはできず、区別、差別の眼差しにさらされている。また、労働市場の構造や、国家の行なう処遇が、あるグループの人びとに選択の余地なく一定の特徴を与え、それがエスニックな特性と見なされることも少なくない。エスニシティへの関心が、不平等や差別の問題への関心と切り離せない理由はまさにこの点にある。

いまひとつ述べておきたいのは、ヨーロッパにおける民族の研究で重きをなしてきた「ネーション」(nation)、あるいはナショナル・マイノリティについてである。ウェールズ人、バスク人、カタルーニャ人、ブルターニュ人など、歴史的な領域的定住者で、かつ自己決定への志向をもつ人びとの集合が、伝統的にそう呼ばれてきた。これに比べ、相対的にいえば、「エスニシティ」は、一国家内の移民が代表的であるような、独自のアイデンティティによって特徴づけられるが、自決的共同体志向であるよりは文化志向、利益志向と見なされる人びとのあり方を指すといえる(ただし、明確な区別はできず、たとえば、カナダにおけるケベック人などは両者の境界に位置している)。本書では、このネーションとしての民族については、第四章のⅢ「エスニシティとナショナリズム」の個所を除くと、あまり豊富には言及がなされていない。おそらく、本書が、エスニシティ研究のいわばメッカであるアメリカにおける民族研究の紹介に力点を置いているからであろう。しかし、ヨーロッパのネーションの研究でも「エトゥニー」「エスニック」という言葉を使う研究者はいる(たとえば第四章で紹介されているアンソニー・スミス)。本書も、ネーション、ナショナリズムと、エスニシティとの共通性と相違について述べていて、両者を架橋することに関心を示しているといえる。

本書は、アメリカ、ヨーロッパ双方の研究状況に通じた、稀有なる視座からまとめられている。また、社会学的視点から、エスニシティの①個人的・微視的、②集団的・中間社会的、③巨視社会的、というレヴェル分けを行ない、さらに社会階級、ジェンダー（性）、政治との関連を問うなど、きわめて広い視野で議論を展開している。その意味で、エスニシティの概念と理論、論点への社会学的入門書としてはすぐれたものである。また、構築主義、相互行為論、合理的選択理論、ジェンダー論などの社会学理論にも明るい著者の強みもよく出ている。

ただ、文庫本の限られたスペースのため、概念や理論を分かりやすく噛み砕いて示すための例証は十分とはいえず、初学者には、具体例の提示が少なく、理解が困難と感じられる個所もあろう。訳者の注や解説も、この点を十分おぎなえないのが、残念である。

著者のマルコ・マルティニエッロは、ベルギーの仏語圏のリエージュ大学に教鞭をとり、英・米圏でも活動する気鋭の社会学者である。その名の示すようにイタリア系で、親の代にベルギーに移住したいわゆる「第二世代」にあたる。主に政治社会学的アプローチからヨーロッパにおける移民の研究に従事し、『移民コミュニティにおけるリーダーシップと権力』（アルマッタン社、パリ、一九九二年）他、多数の業績をもつ。またイタリアにおける近年の移民の研究にも従事し、論文「イタリア――遅ればせの移民の発見」は、D・トレンハルト編『新しい移民大陸ヨーロッパ』（明石書店、一九九四年）中の一章として、邦訳されている（新原道信氏訳）。訳者（宮島）は、『新しい移民大陸』の訳者の一人として、氏を識り、その後パリやモントリオールの国際会議の際に意見を交わす仲となった。そんな縁が本翻訳のきっかけの一つとなったが、もちろん翻訳を思い立った最大の理由は本書のすぐれた内容にある。

翻訳により日本語の文章をつくることとは、できるだけ意味の近い日本語・文を見出してこれに置き換える作業でなければならない。しかし本書ではそうはいかない難しさがある。

本書のキー概念である〈ethnicité〉は、英語世界の社会諸科学で一般に用いられている〈ethnicity〉を、フランス語に移したものである。この〈ethnicity〉を、日本の社会諸科学ではそのまま「エスニシティ」とカタカナで表記することが多いので、本書でも、〈ethnicité〉には、多くの場合「エスニシティ」という語を充てている。

他方、〈ethnicity〉や〈ethnic〉を、それぞれ「民族／民族特性」や「民族的／民族の」と訳してきた学界の慣用も尊重されるべきで、これらの日本語を通してそれらの英語タームが理解されているという事情も考慮せざるをえない。そこで、文脈に応じて、〈ethnicité〉や〈ethnique〉にこれらの日本語をも充てている。日本語の「民族」が初出時（十九世紀末）から戦前におびていた独特の意味を知っておくことは必要だが、今ではそれにこだわる必要はないだろう。その用法が今日の社会学や文化人類学で大きく変わってきて、「アメリカの民族」といった用法のように、〈ethnicity〉や〈ethnic〉のタームに適合するように意味の組み替えが行なわれているからである。

また、日本語の「民族」は、〈nation〉をも指して使われる多義性をもっているため、〈nation〉の語が多用される第四章のⅢ「エスニシティとナショナリズム」では、区別のため、なるべくこれを「ネーション」とカタカナで記すか、ルビを付した。

一つの原語をつねに同一のタームに移すことは、学術的翻訳に求められる正確さかもしれないが、場合によってはそれは、言語使用では避けられない慣用というものを無視し、また、文脈しだいで言葉の意味はさまざまに変わることに目を閉ざす、一種の翻訳の放棄になりかねない。そのことに苦しみ、試行しつつたどりついたのが本書の訳文である。なお読者のご叱正を得られれば幸いである。

訳出における表記のルールとして、以下の四点を凡例とした。

一、原著の脚注は、これと同じ番号を付し、その文節の後に活字を小さくして掲げた。

二、訳文中に〔 〕によって挿入したものは、訳者による注である。

三、原著のイタリック体の個所は、訳文では多くの場合「 」で括ったが、書名等の場合『 』で示し、英語やラテン語の用語については、原綴で示したり、ルビふりを行なっている場合がある。

四、文末等に（　）内に示されている人名、年は、その個所に関連する文献の著者と発行年を示す。そのフルタイトルは巻末に著者アルファベット順に掲げられている。

巻末の文献リストを整理するにあたっては立教大学大学院社会学研究科の宮崎友子氏の援助を得た。白水社編集部の和久田頼男氏には、翻訳権の取得に始まる本づくりの一切の作業において、終始お世話になった。記して両氏には感謝したい。

宮島　喬

二〇〇一年十二月

参考文献

フランス語文献

Amselle J.-L. et M'Bokolo E. (eds.), 1985, *Au cœur de l'ethnie. Ethnies, tribalisme et Etat en Afrique*, Paris, La Déouverte, « Les textes à l'appui ».

Bastenir A. et Dassetto F., 1993, *Espace public et immigration. La controverse de l'intégration,* Paris, CIEMI-L'Harmattan.

Cazemajou J. et Martin J.-P., 1983, *La crise du melting-pot. Ethnicité et identité aux Etats-Unis de Kennedy à Regan,* Paris, Aubier.

Delannoi G. et Taguieff P.-A., 1991, *Théories du nationalisme. Nation, Nationalié, Ethnicité*, Paris, Kimé.

Lapeyronnie D., 1993, *L'individu et les minorités. La France et la Grande-Bretagne face à leurs immigrés,* Paris, PUF, « Sociologie d'aujourd'hui ».

Martiniello M., 1992, *Leadership et pouvoir dans les communautés d'origine immigrée,* Paris, CIEMI-L'Harmattan.

Mariniello M., et Poncelet M. (eds.), 1993, *Migrations et Minorités ethniques dans l'espace européen,* Bruxelles, De Boeck Université.

Neveu C., 1993, *Communauté, nationalité et citoyenneté. De l'autre côté du miroir: les Bengladeshis de Londres,* Paris, Karthala.

Poutignat P. et Streiff-Fénart J., 1995, *Théories de l'ethnicité,* Paris, PUF.

Wieviorka M., 1993, *La démocratie à l'épreuve. Nationalisme, populisme, ethnicité*, Paris, La Découverte, « Essais » .

英語文献

Alba R. D., 1990, *Ethnic identity. The Transformation of White America,* New Haven and London, Yale University Press.

Anderson B., 1983, *Imagined Communities,* London, Verso.（アンダーソン、B., 1987白石隆，白石さや訳，『想像の共同体: ナショナリズムの起源と流行』リブロポート：1997　白石隆，白石さや訳，『想像の共同体：ナショナリズムの起源と流行－増補－』，NTT出版.）

Anthias F. and Yuval-Davis N., 1992, *Racialized Boundaries. Race, Nation, Gender, and Class and the Anti-racist Struggle*, London, Routledge.

Bacal A., 1990, *Ethnicity in the Social Sciences. A View and Review of the Literature on Ethnicity*, Warwick, CRER, Reprint Paper in Ethnic Relations, No.3.

Banton M,. 1983, *Racial and Ethnic Competition*, Cambridge, Cambridge University Press.

Barth F. (ed.), 1969, *Ethnic Groups and Boundaries: The Social Organization of Culture Differences,* London and Oslo, Alen & Unwin and Forgalet.（バルト，F.，1996,「エスニック集団の境界――論文集『エスニック集団と境界』の

ための序文」, 青柳まちこ編監訳, 1996,『「エスニック」とは何か：エスニシティ基本論文選』, 新泉社.）
Brass P., 1991, *Ethnicity and Nationalism. Theory and Experience*, London, Sage.
Cohen A., 1974, *Urban Ethnicity,* London, Tavistock Pub.
Eriksen T. M., 1993, *Ethnicity and Nationalism. Anthropological Perspectives,* London, Pluto Press.
Geertz C., 1973, *The Interpretation of Cultures*, New York, Basic Books.（ギアーツ, C., 1987、吉田禎吾ほか訳,『文化の解釈学』, 岩波書店.
Gellener E., 1983, *Nations and Nationalism,* London, Basil Blackwell.（ゲルナー, E., 2000, 加藤節監訳,『民族とナショナリズム』, 岩波書店.）
Giddens A., 1973, *The Class Structure of the Advanced Societies,* London, Hutchinson Univ. Library, 2nd ed., reprinted in 1986.（ギデンズ,A., 1977, 市川統洋訳,『先進社会の階級構造』, みすず書房.）
Glazer N. and Moynihan D. P., 1975, *Ethnicity. Theory and Experience,* London, Cambridge, Harvard University Press, 3rd printing.（グレイザー, N., D. モイニハン, 1984, 内山秀夫訳,『民族とアイデンティティ』, 抄訳, 三嶺書房.）
Gordon M., 1964, *Assimilation in American Life. The Role of Race, Religion and National Origins,* New York, Oxford University Press.（ゴードン,M., 2000, 倉田和四生, 山本剛郎訳編,『アメリカンライフにおける同化理論の諸相: 人種・宗教および出身国の役割』, 晃洋書房.）
Greeley A. M., 1974, E*thnicity in the United States,* New York, John Wiley & Sons.
Hobsbawm E. J., 1990, *Nations and Nationalism since 1780*, Cambridge, University Press.（ホブズボウム, E.,2001, 浜林正夫, 嶋田耕也, 庄司信訳,『ナショナリズムの歴史と現在』, 大月書店.）
Horowitz D. L., 1985, *Ethnic Groups in Conflict*, Berkeley-Los Angels-London, University of California Press.
Isaacs H. R., 1989, *Idols of the Tribe. Group Identity and Political Change*, Cambridge and London, Harvard University Press.
Kedourie E., 1993, *Nationalism*, Oxford, Basil Blackwell, 4th ed.（ケドゥーリ,E., 2000,小林正之, 栄田卓弘, 奥村大作訳,『ナショナリズム』, 学文社.）
Kivisto P. (ed.), 1989, *The Ethnic Enigma. The Salience of Ethnicity for European-Origin Groups,* Philadelphia, The Basch Institute Press.
Moynihan D. P., 1993, *Pandaemonium. Ethnicity in International Politics*, Oxford, Oxford University Press.（モイニハン,D. ,1996, 吉川元訳,『パンダモニアム: 国際政治のなかのエスニシティ』, 三嶺書房.）
Murray C. and Herrnstein R., 1994, *The Bell Curve: Intelligence and Class Structure in American Life*, New York, The Free Press.
Nash M., 1989, The *Cauldron of Ethnicity in the Modern World,* Chicago, University of Chicago Press.
Olzak S. and Nagel J. (eds.), 1986, *Competitive Ethnic Relations*, New York,

Academic Press.
Parrillo V., 1994, *Strangers to these Shores. Race and Ethnic Relations in the United States*, New York, MacMillan, 4th ed.
Phizacklea A., 1983, *One Way Ticket. Migration and Female Labour*, London, Routledge.
Pincus F. and Ehrich J., 1994, *Racial and Ethnic Conflict. Contending Views on Prejudice, Discrimination and Ethnoviolence*, Boulder, Westview Press.
Rex J. and Mason D. (eds.), 1986, *Theories of Race and Ethnic Relations*, Cambridge, Cambridge University Press.
Rex J., 1986, *Race and Ethnicity,* London, Open University Press.
San Juan E. Jr., 1992, *Articulations of Power in Ethnic and Racial Studies in the United States,* New Jersey, Humanities Press.
Schlesinger A. M., 1992, *The Disuniting of America. Reflections on a Multicultural Society,* New York, Norton and Company.（シュレージンガー,A.,1992, 都留重人監訳,『アメリカの分裂: 多元文化社会についての所見』, 岩波書店.）
Smith A., 1986, *The Ethnic Origins of Nations*, Oxford, Blackwell.（スミス, A.,1999, 巣山靖司, 高城和義他訳,『ネイションとエスニシティ──歴史社会学的考察』, 名古屋大学出版会.）
Smith A. (ed.), 1992, *Ethnicity and Nationalism*, E. J. Brill, Leiden.
Sollors W., 1986, *Beyond Ethnicity. Consent and Descent in American Culture,* Oxford, Oxford University Press.
Sollors W. (ed.), 1989, *The Invention of Ethnicity,* Oxford University Press.
Steinberg S., 1989, *The Ethnic Myth. Race, Ethnicity and Class in America,* Boston, Beacon Press.
Thernstrom S. (ed.), 1981, *Harvard Encyclopedia of American Ethnic Groups,* 2e printing, Cambridge, Mass, Harvard University Press.
Thopmson R., 1989, *Theories of Ethnicity. A Critical Appraisal,* New York, Greenwood Press.
Van den Berghe P., 1981, *The Ethnic Phenomenon,* New York, Elsevier.
Vermeulen H. and Govers C. (eds.), 1994, *The Anthropology of Ethnicity. Beyond « Ethnic Groups and Boundaries »*, Amsterdam, Het Spinhuis.
Walby S., 1990, *Theorizing Patriarchy,* Oxford, Blackwell.
Waters M. C., 1990, *Ethnic Options. Choosing Identities in America.* Berkeley, University of California Press.
Weber M., 1978, *Economy and Society,* vol.1, Berkeley, The University of California Press.
Yuval-Davis N. and Anthias F., 1989, *Woman-Nation-State*, London, MacMillian.

フランス語雑誌論文

Amselle J.-L., 1987, "L'ethnicité comme volonté et comme représentation: A propos des Peul du Wasolon ", *Annales Economie, Sociétés, Civilisations*, 2, 465-489.

Douglass W. A. et Lyman S. M., 1976, "L'ethnie: structure, processus et saillance", *Cahiers internationaux de sociologie,* vol. LXI, 197-220.

Justeau-Lee D., 1983, "La production de l'ethnicité ou la part réelle de l'idée", *Sociologie et Société,* 15, 2, 39-54.

Martiniello M., 1988,"Vers la formation de nouveaux groupes ethniques en Europe occidentale", *Studi Emigrazione*, 90, 202-212.

Nicolas G., 1973, "Fait « ethnique » et usages du concept d' « ethnie » ", *Cahiers internationaux de Sociologie,* vol. LIV, 95-126.

英語雑誌論文

Adam H., 1984, "Rational choice in ethnic mobilization: a critique, *International Migration Review,* 18, 2, 377-381.

Banton M., 1979, "Analytical and Folk Concepts of Race and Ethnicity", *Ethnic and Racial Studies*, 2, 2, 127-138.

Calhoun G., 1993, "Nationalism and Ethnicity", *Annual Review of Sociology,* 19, 211-239.

Conzen K. N., Gerber R. D. A *et al.*, 1990, "The invention of ethnicity: A perspective from the USA", *Altre Italia,* 3, April, 37-63.

Eisinger P. K., 1978, "Ethnicity as a strategic option: An emerging view", *Public Administration Review*, 1, 89-93.

Eller J. D. and Coughlan R. M., 1993, "The poverty of primordialism: The demystification of ethnic attachments", *Ethnic and Racial Studies*, 16, 2, 183-202.

Enloe C., 1981, "The growth of the state and ethnic mobilization: The American experience", *Ethnic and Racial Studies*, 4, 2, 123-136.

Gans H. J., 1979, "Symbolic ethnicity: The future of ethnic groups and cultures in America, *Ethnic and Racial Studies,* 2, 2, 1-20.

———, 1994, "Symbolic ethnicity and symbolic religiosity: Towards a comparison of ethnic and religious acculturation", *Ethnic and Racial Studies,* 17, 2, 577-592.

Hechter M., Friedman D. and Appelbaum M., 1984, "A theory of ethnic collective action", *International Migration Review,* 16, 2, 412-434.

Hirschman C., 1983, "America's melting pot reconsidered", *Annual Review of Sociology,* 9, 397-423.

Hollinger D., 1992, "Postethnic America", *Contention*, 2, 1, 79-96.

Keyes C., 1976, "Towards a new formulation of the concept of ethnic group", *Ethnicity,* 3, 202-213.

Lal B. L., 1983, "Perspective on ethnicity: Old wines in new bottles", *Ethnic and Racial Studies,* 6, 154-173.

Nagel J., 1994, "Constructing ethnicity: Creating and recreating ethnic identity and culture", *Social Problems*, 41, 1, 152-176.

Schermerhorn R. A., 1974, "Ethnicity in the perspective of the sociology of

knowledge", *Ethnicity*, 1, 1-14.

Shils E., 1957, "Primordial, personal, sacred and civil ties", *British Journal of Sociology*, 8, 2, 130-145.

Yinger J. M., 1985, "Ethnicity", *Annual Review of Sociology,* 11, 151-180.

訳者略歴
一九四〇年生
立教大学社会学部教授
社会学、ヨーロッパ社会論専攻
主要著書
『文化的再生産の社会学』（藤原書店、一九九四年）
『ヨーロッパ社会の試練』（東京大学出版会、一九九七年）
『文化と不平等』（有斐閣、一九九九年）
主要訳書
ブードン『社会学の方法』（文庫クセジュ四八三番、白水社）
ブルデュー『再生産』（藤原書店）

エスニシティの社会学

二〇〇二年二月一〇日 第一刷発行
二〇〇六年二月二五日 第二刷発行

訳　者© 宮《みや》島《じま》　喬《たかし》
発行者 川　村　雅　之
発行所 株式会社　白水社
東京都千代田区神田小川町三の二四
電話 営業部 〇三（三二九一）七八一一
編集部 〇三（三二九一）七八二一
振替 〇〇一九〇‐五‐三三二二八
郵便番号 一〇一‐〇〇五二
http://www.hakusuisha.co.jp

印刷 平河工業社/製本 加瀬製本

ISBN 4-560-05847-4

Printed in Japan

文庫クセジュ

自然科学